VIP 금융영업
개척으로 승부하라

VIP 금융영업 개척으로 승부하라

초판 1쇄 발행 2011년 9월 19일
초판 4쇄 발행 2015년 7월 13일

지은이 김창수

기획 김선희
책임편집 김지혜
표지디자인 나윤미
본문디자인 새일기획

펴낸곳 리텍 **출판등록** 2011년 6월 28일 제2011-000200호
주소 서울시 강남구 역삼동 738 KS빌딩 3층 305호
전화 (02)2051-0311 **팩스** (02)556-8063
종이 화인페이퍼 **인쇄·제본** 현문인쇄

ISBN 978-89-967-0360-0 13320

• 잘못된 책은 서점에서 바꾸어 드립니다.
• 책값은 뒤표지에 있습니다.

ⓒ 2011, 리텍
• 이 책의 전부 또는 일부 내용을 재사용하려면 사전에 저작권자와 리텍의 동의를 받아야 합니다.

VIP시장 개척 경험담

VIP 금융영업
개척으로 승부하라

김창수 지음

리텍

꿈과 목표를 종이 위에 기록하는 것,
그것이 가장 원하는 사람이 되기 위한
프로세스를 가동시키는 방법이다.
_마크 빅터 한센

프롤로그

인생 성공을 위한 올바른 로드맵

　실력이 비슷한 두 집단을 같은 문제로 테스트해 보기로 했다. 그리고 사전에 예상 문제를 풀게 했는데 A그룹이 받은 예상 문제지에는 중요한 부분에 밑줄이 그어져 있었고 B그룹이 받은 예상 문제지에는 밑줄이 그어져 있지 않았다. 테스트 결과는 어땠을까?

　대부분의 사람은 밑줄 친 예상 문제를 받은 A그룹의 시험결과가 우수하리라 예상할 것이다. 그러나 결과는 반대로 나타났다. 그 이유는 A그룹은 밑줄 친 부분만 집중적으로 암기했고, B그룹은 스스로 중요한 부분을 찾아서 융통성 있게 학습한 것이다.

　인생의 성공에 대한 문제에서도 마찬가지다. 시험을 볼 때 나는 아무것도 표시되어 있지 않은 학습 유인물을 받고, 친구는 중요부분에 밑줄이 처진 유인물을 받아 시험을 봤을 때 만약 친구가 성적이 좋으면 분명히 "내가 시험을 못 본 이유는 밑줄 쳐진 유인물을 받지 못해서 그래."라고 한탄만 할 것이다.

　즉, 부유한 환경, 좋은 학벌, 인맥, 돈이 있는 사람이 성공하는 것을 보면 인생의 밑줄 때문에 성공했다고 생각하기 쉽다. 그러나 위의 예에서 보듯이 성공의 열쇠는 밑줄이 아니라 태도에 있다. 이렇듯 많은 사람이 성공에 대해 그릇된 편견을 가지고 있는 것이 사실이다. 그래서 필자는 인생 성공에 대한 올바른 로드맵을 이 책에 담아 제시하고 싶다. 물론 그 이야기들은 필자의 20년 금융영업 성공의 경험을 바탕에 둔다.

　필자는 오래 살지는 않았지만 좋은 경험과 노하우를, 그것을 필요로 하는 사람들에게 나눌 만큼 적당한 나이이고 적당한 경험을 했다고 자부하고 있다. 대학을 졸업하고 한국의 외국계 은행에서 10년 동안 PB(Private Banking)팀장으로서 일했다. 당시 PB라는 말도 생소한 시기에 우리나라 상위 1%를 상대로 하는 VIP 영업을 하였고 최고의 업적을 달성했다. 그러던 중 "박수칠 때 떠나라"는 말처럼 정상에 있을 때 또 다른 성공의 꿈을 꾸며 새로운 도전을 시작했다.

　바로 보험영업이었다. 남들은 다들 미쳤다고 생각했고 집안에서도 외면당했었다. 그러나 이런 엄청난 장벽을 넘고 다시 한 번 I사라는 외국계 보험회사에서 개척을 통한 VIP 마케팅으로 정상에 우뚝 섰다. 그 이후 내 이름의 이니셜을 딴 CS ASSET이라는 자산관리 회사를 설립했고 2년 동안 부동산 경매 및 주식 투자 관련 VIP 컨설팅 업무를 담당하였다.

　그리고 그 분야에서 최정상에 섰을 때 그 자리에 안주하지 않고 또 다른 분야에 도전하며 성공을 꿈꾸었다. 그것은 바로 후배를 양성하고, 교육·강의하는 지점장의 일이다. 그래서 국내 대기업 계열사의 보험회사 지점장으로 스카우트되어서 최단기간 내 지점 구축 및 최고업적을 달성하였다. 정상에서 새로운 꿈을 꾸면서 새로운 것에 도전하는 것은 아마 팔자소관일 것이다.

그리고 또다시 정상일 때 모든 것을 버리고 새로운 도전을 하려고 한다. VIP 마케팅의 요체인 R.A.S.H.를 통해 꿈과 도전과 성공학에 대한 이야기를 금융영업 종사자나 꿈을 이루고 싶어하는 일반 독자들에게 메시지를 전하기 위해 이 글을 쓰기 시작한 것이다.

| 차례 |

프롤로그_인생 성공을 위한 올바른 로드맵 • 5

Chapter 1 저자의 20년 금융영업 및 VIP시장 개척 경험담

01 거대 체인 마트 A사 접수기
무모한 개척 영업의 시작, 무에서 유를 창조하다 • 20
첫 거래 계약 성사, 몸으로 부딪치고 발로 뛰는 지속적인 의지와 열정의 산물 • 22
황홀한 죽음을 맞이한 영국 탐험가 로버트 팰컨 스콧(Robert Falcon Scott) • 23
당신의 생각이 당신 스스로를 만든다 • 25

02 강남 테헤란로 빌딩 건물 타기
점심시간을 공략한 건물 타기 전략 대성공 비법 • 28
좋은 인연을 만날 수 있는 금융 컨설턴트만이 가진 기회 • 30
Right now, just try. Be different! Do, see and plan- • 33
결국, 새로운 도전을 하게 된 계기 • 34

03 거액 자산가 K 만나기 프로젝트
Idea bank : 금융 전문 아카데미와의 만남 • 38
진정한 보험 영업 전문 컨설턴트가 되기 위한 강심장 다지기 • 40
개척 영업으로 VIP Market에 접근하여 성공하다 • 41
성공을 위한 가장 단순하며 정확한 방법은 성공할 때까지 노력하는 것 • 44

04 영업을 위하여 라식 수술을 감행하다
부자들의 심리에 주목하라 • 47

05 과거의 악연이 VIP 고객으로
좋지 않던 기억으로 남은 지인을 통해 영업 최대의 꽃인 T.O.T.를 달성하다 • 50
다양하고 새로운 인연을 만날 수 있는 영업의 매력 • 53
10억 인구를 움직인 시진핑의 힘과 진심 마케팅 • 53

06 한강 이남 최고 점포 만들기 프로젝트
자신을 스스로 되돌아보는 계기 • 57
본격적인 보험 영업 전문 조직 구축의 시작 • 59
항우의 파부침주(破釜沈舟) • 60
한수이남 최고점포 이인동심 기리단금(漢水以南 最高店鋪 二人同心 其利斷金) • 62
진정한 리더의 의미 : 조직원들의 최고 능률을 이끌어 낼 수 있는 지도자 • 63
더욱 효율적이고 능률적인 완벽한 조직 구축을 위한 3대 필수 철칙 • 65
꿈이 이루어지지 않을 때는 꿈꾸지 않을 때뿐이다 • 67

Chapter 2
국내 VIP 금융시장 특징 및 접근 방법

VIP Market을 위한 VVIP marketing • 72

상위 1% 소비자들을 위하여 • 74

01 부자들의 현황
전 세계 백만장자 천만 명을 돌파하다 • 77

02 부자들의 분포도

03 부자들의 투자 관심 분야
부자들의 안전 자산 선호도 증가 • 86
최근 VIP Market Trend • 87

04 대한민국 부자의 유형
A형 부자 : 자수성가형 • 91
B형 부자 : 고소득 전문가형 • 93
C형 부자 : VVIP형 • 93

노블레스 오블리주?- 부자에 대한 중용적 시각 • 96
행복한 사람은 누구인가?- 부자와 심리적 동감 • 98

05 VIP Market의 특징
소수의 핵심 권력 집단이기를 자처하며 패밀리 의식이 강하다 • 101
개인의 프라이버시를 상당히 중시하고 만인에게 노출되기를 꺼린다 • 103
차별화된 자기실현의 욕구가 강하여 자신을 위한 투자를 아끼지 않는다 • 105
자녀 교육에 관심이 많다 • 107
합리적 개인주의를 지향하므로 해외문화 수용도가 높다 • 107

부를 유지하는 것에 항상 관심을 둔다 • 108

06 VIP 고객 설득 노하우

부자들을 진심으로 존경하는 마음을 지녀라 • 110
부자들은 세밀한 부분까지 신경 써주는 사람을 원한다 • 112
이미지 마케팅으로 모방심리를 자극하라 • 114
컨설팅의 주인공은 고객이 되어야 한다 • 116
너무 치장하지 말아야 한다 • 118

07 How to approach the VIP Market

-단계별 개척 영업 시스템 • 121
1단계 : 초기 트레이닝 단계 - 강심장 되기 • 122
2단계 : 개척 영업 단계 • 123
3단계 : VIP Market에 접근하는 단계 • 126

08 VIP 금융상담 Details

부자들은 장기성 저축보험에 왜 가입할까? • 132
부자는 CEO PLAN을 왜 좋아할까? • 135

Chapter 3   VIP 공략을 위한 Tool = R.A.S.H.

01   R = Reading

R1 : Reading Books • 144
    예지력, 판단력, 직관력 : 총괄력을 길러주는 리딩의 힘 • 145
    당대의 인문 · 고전을 읽는다는 것 • 147
    '무(無)'에서 성공을 일구어 내어 굉장한 부자가 된 사람들 • 149
    리딩에서 얻은 지혜 35(5단계 X 7서) • 151

R2 : Reading Newspaper • 178
    신문기사를 효율적으로 스크랩하는 방법 • 182
    금융 컨설팅에 도움이 되는 Best website & Magazine • 184

R3 : Reading Information • 186
    SNS : Social Network Service • 186
    Social Finance • 189
    금융 집단지성의 도래 • 191

02   A = Affirmation

오심도 축구다 • 193
당신에게 사회는 어떠한 세상으로 비춰지는가? • 196
자신의 인생에서 가장 중요한 것은 '그래, 난 할 수 있어!'라고 외치는 것이다 • 200
성공의 확신을 위한 긍정적인 신념과 태도의 중요성 • 204
65세의 나이에 1,008번 거절당한 후 이루어 낸 성공신화의 주인공 KFC 할아버지 • 205
긍정의 Role Model을 갖자 • 207

시각에 따라 달라지는 자신의 인생 그래프 • 210
긍정의 엔드로핀 러너스 하이(Runner's High) • 212

03 S = Story Telling

당신의 스토리가 스펙이 된다 • 215
스토리 향상 방안 • 217
프로는 탄생할 뿐이다 • 221

04 H = Habit

좋은 습관을 갖기 위한 진행 과정 • 225
  1. 결단 • 225
  2. 자기진단 • 228
    1) 현재 자기진단
    2) 3년 후 자기진단
  3. 드림 리스트 • 232
    1) 드림 리스트
    2) 드림 무비 시놉시스
  4. 목표 설정법 • 238
    1) 목표가 없다는 것
    2) 결심한 이유의 가이드 라인 자기사명서 이용 수칙
신동과 천재는 태어나는 걸까? 만들어지는 걸까? 탁월함은 유전되는 것일까? • 240
성공방정식 • 244

에필로그_마차의 차주가 되지 말고, 그 HOW를 찾아라! • 245

Chapter 1

저자의 20년 금융영업 및 VIP시장 개척 경험담

﹁ 나는 단 한 번도 실패하지 않았다.
나는 단지 효과가 없는 10,000가지 방법을
발견했을 뿐이다.

_토머스 에디슨

Chapter 1
―
Introduce

우리나라는 고려시대부터 중국 유교사상에서 유래되어 온 사·농·공·상으로 신분을 구분했다. 즉 선비, 농민, 공인, 상인 순으로 신분 서열을 정하고 직업에 귀천이 있다고 여긴 것이다. 이러한 신분의 구분은 고려, 조선 등 수백 년 동안 이어지다가 갑오개혁 이후 신분 차별이 사라지기 시작했다. 신분 서열로 보았을 때 상인은 제일 천대받았다. 성리학을 신봉한 조선시대에는 500여 년 동안 상업을 억압하고 상인을 천시하였다. 현대 사회에 이러한 신분의 귀천을 비추어 보았을 때 상인은 지금의 세일즈맨이라고 할 수 있으며 무형의 지식을 판매하는 금융 컨설턴트 또한 같은 범주에 속한다고 볼 수 있다. 그만큼 세일즈맨은 현재나 과거에도 그리 쉬운 분야가 아니었음이 틀림없다.

그렇지만 모든 것은 생각하기 나름이다. 어렵고 힘든 세일즈 세계에서 살아남는 방법은 다양하다. 좋은 집안에서 태어난 자, 인맥이 넓은 자, 학력이 높은 자 등 세일즈 업계에서 성공하는 방법은 당연히 이러한 사람들이 유리할 것이다. 그러나 이는 절대적인 성공법이 될 수는 없을 것이다. 실제로 이러한 금융영업에서는 남들이 생각하지 못하는 방법으로 큰 성취를 이루는 사람들이 더 많다. 필자 또한 영업은 지인을 통해서 이루어진다는 고정관념을 탈피하고 개척 영업으로 성공의 반열에 오를 수 있었다. 영업에서 가장 힘든 것은 무엇보다 양질의 고객을 확보하는 일이다. 고객 확보는 세일즈맨에게 영원한 숙제이기 때문이다. 그러나 필자는 지인이나 인맥에 의지하지 않는 나만의 영업 방법을 통해 영업의 정상에 설 수 있게 되었다.

필자보다 영업에서 더 큰 성공을 한 이도 물론 많다. 그러나 필자만의 독특하고 효율적인 영업 방법 성공 노하우를 통해 새로이 이 분야에 도전하는 사람들과 영업의 새로운 돌파구를 모색하려는 영업인들에게 필자의 성공담을 들려주고 싶어 책을 쓰게 되었다. 프로세일즈맨은 개척 영업으로 승부한다는 것이 20여 년간 금융영업을 해 온 필자의 영업에 대한 마침표이자 진정한 정의이다.

01
거대 체인 마트
A사 접수기

　　　　C은행 입사 후PB팀에서 근무하고 있던 나는 얼마 지나지 않아 대리로 승진했다. 그런데 금융 업계의 계속되는 침체기로 인해 내부 고객만으로 더는 실적을 올리기 힘들어졌다. 더 이상 가만히 앉아서 고객이 제 발로 찾아오기를 기다리고만 있을 수는 없었다. 새로운 전략 구축의 필요성이 절실한 때였다. 이러한 국면을 타개하고자 은행에서는 우량고객 발굴차원으로 기업 마케팅에 주력하게 되었고 그 임무가 나에게도 부여되었다. 하지만 개인 고객이나 가계, 기업조직의 다양한 금융 요구를 충족시키는 것을 넘어 갓 새내기 대리인 내가 대형 기업을 상대로 과연 거래를 성사시킬 수 있을지, 그들을 도대체 어떻게 만날 수 있을지,

어디서부터 전략을 세워야 할지 전혀 가늠되지 않았다. 그때, 그동안 이룬 것에서 온 자부심이 무너지면서 내 능력을 의심할 수밖에 없었고 무리수를 둔 게임을 하기엔 혼자만의 힘으로 불가능할 것 같았다.

당시 필자가 공략했던 회사는 지금은 거대한 유통망을 자랑하는 국내 최대 규모 식품전문점 중 하나인 A사였다. 기업체를 대상으로 한 기업마케팅과 직원카드영업 및 단체대출영업 담당을 해오던 나는 처음에는 단순히 전화로 접근을 시도하였다. 그러나 전화 연결은 쉽지 않았고, 이후 해당 부서와 접촉하기 위해 끈질기게 노력했지만, 접근은 쉽지 않았다. 나는 멈추지 않고 끊임없이 메일과 DM을 발송했다. 하지만 이미 거래처가 있던 A사의 대답은 NO였다. 불 보듯 뻔한 결과였다. 나는 어찌할 바를 몰라 그저 전화기와 컴퓨터만 물고 늘어졌다.

그러던 어느 날 주변 거래처를 방문하다가 우연히 A사 건물 앞을 지나가게 되었다. 그동안 전화와 DM을 수없이 발송하며 접근을 시도했지만, 실제 A사 건물을 보는 것은 처음이었다. 분주히 다니는 사람들 사이에 자리 잡은 그 건물은 마치 운명처럼 나의 눈에 들어왔다. 누가 봐도 우량회사였지만 지극히 개인적인 시선으로 그 속에 빈틈이 있기를 바라는 마음과 욕심 어린 눈으로 그 건물을 노려보았다.

나는 남들보다 단순한 기질의 사람이라 일단 한 번 부딪쳐 보기로 했다. 의지와 열정만 있으면 된다고 믿는, 무작정 돌진하고 보는 내 성격은 단순하고도 무식한 행동이었을지도 모른다. 그러나 아주 센 놈과 한번 겨뤄보고 싶다는 승부욕이 발동했다. 비록 쌍코피가 터지고 단번에 나가떨어질지라도, 영업은 인맥으로만 이루어진다는 고정관념의 단단한 틀을 깨고 싶었다. 눈에 보이지 않는 적을 상대로 이 싸움에 최선을 다할 것을 다짐했다. 영업이란 일단 무조건 부딪쳐 보는 것이 최선의 전략이라는 내가 아는 명백한 진실. 새내기 대리의 무모하기만 한 자신과의 도전은 거대한 상대를 쓰러뜨리기로 결심한 나 자신에 대한 선전포고로 시작되었다.

무모한 개척 영업의 시작,
무에서 유를 창조하다

허가도 없이 A사를 방문하는 것이 반복되자 마침내 나는 출입금지 통보까지 받았다. 그러나 이미 예상한 바였다. 철저한 보안통제에 어쩔 수 없이 철수하기를 반복하는 동안 다음 방문 시에는 스스로를 더 탄탄하고 완전히 무장하자는 결의를 다지게 되었다. 우선 내가 맡은 상품인 개인 대출, 우량기업에 대한 대출에 관련된 100여 장의 홍보물을 마련했고 이 홍보물을 전부 A사 직원의 책상 위에 올려놓겠다는 것이었다. 근무 시간에는 경비가 삼엄하므로 비교적 출입이 자유로운 점심시간을 공략하여 직원들에게 묻혀 들어갈 수 있는 기회를 노렸다. 주위의 낯선 시선을 애써 모른 체하며, 준비해 온 홍보물을 책상 위에 하나씩 올려놓기 시작했다.

몇 개의 책상에 올려놓기에 성공했을 때쯤 어느 한 고위직 인사와 마주치게 되었다. 부장급 정도로 보이는 그는 정중하지만 단호한 말투와 어이없어하는 표정으로 그 자리에서 나가 달라고 요청했다. 말 한마디 꺼내 볼 수 있는 기미가 보이지 않았다. 그러나 그의 불쾌감에 불을 지르기보단 한발 물러서서 천천히 진입해야 했다. 1보 후퇴 3보 전진할 것을 다짐하며 다른 부서를 공략했다. 그러다 직원에게 걸려 다시 물러나면서도 다음 날 또 같은 방법으로 차츰 수를 늘리며 홍보물을 배포해 나갔다.

다행히도 하나 둘씩 반응이 오기 시작했다. 매번 같은 시간, 같은 자리에 놓여 있던 은행 대출 전단지에 관심을 갖기 시작한 것이다. 그렇게 홍보한 지 일주일이 지났을 무렵 멀찍이서 이상한 눈초리로 지켜보시던 분이 나를 안쪽 사무실로 조용히 불렀다. 지난번 나가 달라고 요청한 바로 그분이었다. 다시는 회사에 접근하지 말라고 통보할 것이라고 예상한 나는 암담한 마음으로 잔뜩 긴장해 있었다.

그러나 그의 말투는 의외로 친절했다. 조용하게 시작된 얘기는 개인적인 대출 상담 요청이었다. 집사람 몰래 대출을 받아 술값을 지불하곤 하였는데 이를 막기 위한 마이너스 통장을 비밀리에 개설할 수 있느냐는 것이었다. 정중히 인적 사항을 받아 적고 나의 선에서 할 수 있는 온갖 방법을 동원하여 최대한 그를 우대해 주었다. 따로 본사에 공문을 올려 예외금리를 적용해 마이너스통장을 발급해 주었고 그를 상대하는 데 온 정성을 다했다. 지점장님께 A사를 접수하고 오겠다며 당당히 호언장담했던 탓에 그에게 더욱 최선을 다할 수밖에 없었다. 나중에 알고 보니 그분은 A사에서 금융거래를 담당하는 재무 담당자였다. 그런 부장급 인사가 개인적으로 거래하는 은행이라는 입소문이 퍼진 데다 매일 홍보물을 책상 위에 올려놓던 열정에 대한 호감으로 직원들이 하나 둘 나와 거래를 맺기 시작했다. 그렇게 A사와의 계약에 물꼬를 트기 시작하여 여러 직원을 개인 고객으로 유치하였을 뿐 아니라 A사와 처음으로 기업 거액 예금 거래를 체결할 수 있었다. 그 성과는 대단했고 동료와 상사로부터 칭찬이 쏟아졌다. 손에 전혀 잡히지 않을 것만 같던 초 우량기업 A사와의 거래에 성공했다는 성취감으로 스스로도 매우 만족스러웠던 경험이다.

첫 거래 계약 성사,
몸으로 부딪치고 발로 뛰는 지속적인 의지와 열정의 산물

"거대 기업체인 A사에 혈연·지연·학벌 심지어 단 한 명의 인맥도 없던 내가 그 회사를 타깃으로 한 영업에 주력하자 주변 사람들은 절대 불가능한 일이라며 모두 나를 말렸다. 하지만 나는 당당히 수많은 계약을 이끌어내며 이른바 A사 접수에 성공했다. 부장과의 거래를 계기로 다른 직원과도 계약의 물꼬를 트게 되었지만,

이것은 단순한 우연도, 운이 좋았던 것도 아니었다. 직접 마련한 홍보물을 들고 매일 회사를 찾아가 수차례 거절당하기를 반복했지만 절대 포기하지 않고 끊임없이 도전하여 얻어낸 결과인 것이다. 나의 첫 거래 계약 성사는 몸으로 부딪치고 발로 뛰는 지속적인 의지와 열정으로 가능했다고 자신있게 말하고 싶다.

황홀한 죽음을 맞이한 영국 탐험가
로버트 팰컨 스콧Robert Falcon Scott

1912년 남극점 정복에 성공한 한 영국 탐험가가 있었다. 미지의 땅인 남극을 걸어서 횡단한다는 것은 상상 이상의 용기와 각오, 정신력을 요하는 일이었다. 이에 도전한 **로버트 팰컨 스콧**Robert Falcon Scott은 어떠한 첨단 장비도 갖추지 않은 상태로 엄청난 추위와 고통, 시련, 미지 세계 탐험에 대한 막연한 두려움과 예상치 못한 사고에 무방비하게 노출된 채 남극 횡단에 올랐다. 오직 남극 도달을 위한 의지와 열정만으로 목표를 향해 걸어갔다. 그 정도의 각오이기에 남극까지 도달할 수 있었다.

어떤 탐험가들은 다시 돌아오는 길에 피로를 이기지 못하고 결국 탈진한 채 숨지는 경우도 많았다. 목표를 이루었다는 성취감에 정신적으로 긴장감이 풀리고 육체적인 고통과 죽음 앞에 몸과 정신이 약해져, 돌아오는 길에 사고를 당하고 만 것이다. 그리하여 그 당시 에베레스트 산 고공등반과 같이 높고 험한 곳을 탐험하는 이들에게는 배낭 속에 꼭 지참하는 필수품이 있었다. 바로 마약이다. 죽음과 맞닥뜨려야 하는 극한의 상황에 부닥쳤을 때 숨이 멎기 전까지 오랜 시간 고통에 힘들어하며 죽기보다는 마약의 힘을 빌어 편안히 웃으며 죽음을 맞으려는 것이다.

스콧 일행 또한 탐험 중 조난의 위험을 피하지 못했다. 그들은 8개월 만에 어느 한 길가에서 차갑게 식은 채 시신으로 발견되었다. 꽁꽁 얼어붙은 그들의 얼굴 위에는 만족에 가득찬 웃음이 고스란히 남아 있었다. 다들 마지막을 마약에 취한 아편의 힘이라고 생각하며 마약의 유용성에 대해 찬양했다. 그런데 스콧의 소지품에서 그가 준비한 마약이 손대지 않은 채 발견되었다. 그의 마지막 죽음에 아편과 마약은 없었던 것이다. 그 해답은 스콧의 일기를 통해 발견되었다.

아편으로 생을 마감하는 것은 너무 무의미한 것 같다. 그래서 죽는 그 순간까지 노래를 부르면서 생을 마감하려 한다. 내가 세운 목표인 최초 남극 탐험을 달성한 내가 매우 자랑스럽다. 힘든 여정이었지만 나 자신과의 싸움에서 이긴 내가 너무나도 만족스럽다. 점점 피로가 엄습한다. 추위와 피곤이 밀려온다. 눈을 감으면 다시 뜨지 못할 것 같다. 그러나 나는 지금 너무나도 행복하다. 내 생에 가장 황홀한 순간이다.

그렇게 노래를 부르고 일기를 쓰며 생을 마감한 스콧과 그 일행들이었다. 목표 달성 후 가족의 품에 돌아가 따듯하게 안길 수는 없었지만, 그는 마지막 순간을 황홀하게 마감했다. 가장 극한의 상황에서 가장 행복하게 죽음을 맞이한 것이다.

교수대에 끌려가는 사람들 중에도 웃으면서 걸어가는 사람이 있다고 한다. 그 극악의 상황에서도 멀리 보이는 경관이 소름 끼치도록 아름다워 보일 수 있다고 한다. 비록 5분 뒤에 죽음과 맞닥뜨릴지라도 세상을 다른 시선으로 보면 그 순간이 달리 보이기도 한다는 것이다.

당신의 생각이
당신 스스로를 만든다

인류 · 역사 · 철학 · 종교 · 심리학의 위대한 발견 중 하나는 생각은 원인이고 상황은 결과라는 것이다. 즉 사람의 생각이 그 사람 자체를 만든다는 것이다.

영업도 스콧 일행의 예처럼 또는 5분 뒤 생을 마감하는 죄수처럼 마음먹기에 따라 충분히 더 극적으로 달라진다. 누구나 프로세일즈맨이 될 수 있으며 고액 연봉을 받는 업계의 Top이 될 수 있다. 꿈과 목표를 굳게 믿고 나아간다면 누구나 할 수 있다. 자신 스스로를 믿고 굳게 다진 마음가짐이라면 눈에 띄는 화려한 변화와 그에 따른 월등한 성장은 넘치는 보상의 형태로 자연스레 따라오기 마련이다.

특히 요즘 영업하는 사람들 중에는 시작도, 도전도 하기 전에 지레 겁부터 먹는 사람이 있다. '아는 사람도 없는데 안 될 거야', '이미 거래처가 있을 거야'와 같은 "거야" 정신 때문에 도전을 하기도 전에 좋은 기회를 놓치지 않나 싶다.

영업은 무조건 고객을 직접 만나 부딪쳐 봐야 한다. 영업에서만큼은 미리 고민하고 걱정하며 판단하는 습관을 버려야 한다. 머릿속으로 생각하고 문서로 기안하는 동안 좋은 기회는 이미 손을 떠날 것이다. 당장 가방을 챙겨 회사 문을 박차고 나서야 한다. 당신의 발걸음이 최대한 빨리 고객을 향해 다가서고 있어야 한다. 고객은 스스로 찾아 오지 않는다. 영업자가 직접 찾아가야 한다. 기회는 주어지는 것이 아니라 찾아 만들어야 하기 때문이다.

02
강남 테헤란로
건물 타기

    내게는 책상 앞에 앉아 있는 것보다 밖으로 나가 고객을 찾아가는 영업을 하기를 바라시던 차장님이 계셨다. 그분은 항상 나를 채찍질하며 자극시켰다. 은행원이던 내가 책상에 앉아서 업무를 보는 건 당연하지 않은가. 온갖 서류에 파묻혀 당장 급한 업무를 해결하느라 정신없는 나에게 과중의 요구를 하시던 차장님을 당시 나는 전혀 이해할 수 없었다. 이를 피하려 일부러 자리를 비우기도 했지만, 사무실 근무 시간인 오후에 꼭 나를 찾아오셔서 영업을 하라고 채찍질하셨다.

  특별히 나에게는 영업의 본질인 발로 뛰어 '건물 타는 법'을 가르쳐 주셨다. '건물 타기'란 강남 테헤란로 인근에 있는 수많은 건물의 첫 층부터 마지막 층까지 명함을 돌리며 인사하는 영업 방법이다. 점심시간 이후 오후에는 무조건 '건물 타기'를 위해 은행 밖으로 나갔다. 많은 사람들은 영업을 인맥, 학연으로 하려 하지만 이는 영업의 수단 중 하나일 뿐이다. 남극에서 냉장고를 팔고 적도에 가서 히터를 파는 것이 세일즈 정신이고, 무에서 유를 창조하는 것이 한계가 없는 비즈니스 정신이라는 것이다. '영업은 발로 하는 것'이라는 그분의 확고한 영업 철학은 금융영업의 본질로써 나에게 많은 영향을 주었다. 인근으로 이전해 온 기업체는 물론 신생회사까지 무조건 찾아가서 대표자를 만나 은행 상품을 소개했다. 때로는 이삿짐도 날라주고 인근 맛있는 밥집도 소개해 드리며, 직원·임원·사장 할 것 없이 거래처로 유치하였다. 고층 빌딩에 자리 잡은 대형 기업을 상대로 하나 둘 거래를 성사시키자 지점장님은 '그 회사에 아는 사람이 있느냐', '혹시 친척이 근무하는 회사냐?'라고 물으실 정도로 놀라곤 하셨다.

점심시간을 공략한
건물 타기 전략 대성공 비법

오후에 중요한 업무나 약속이 있을 시에는 점심시간에라도 끼니를 간단히 때우고 건물 타기를 감행했다. 그날도 건물마다 계단을 이용해 층마다 지나가는 직원들에게 인사하며 명함을 돌리고 있었다. 어느 한 고층 건물 타기를 마친 후 걸음을 옮겨 도착한 곳은 고급 빌딩들 사이에 위치한 유독 허름하고 낡은 건물이었다. '이 건물은 그냥 지나칠까?' 하는 생각이 앞섰지만, 강남 일대 모든 건물을 타겠다는 목표를 세우고 결심을 했기에 나 자신과의 약속은 지키기로 했다. 그래서 얼마 남지 않은 점심시간을 초조해하며, 별다른 기대 없이 가벼운 발걸음으로 서둘러 입구로 향했다.

횅하게 빈 각 층을 돌아다녔지만, 특별히 마주치는 직원도, 지나가는 사람도 잘 보이지 않았다. 그러다 우연히 어느 한 층의 창고 같이 보이는 사무실에 비서로 보이는 30대 중반 혹은 40대 초반의 여직원이 앉아 있었다. 한 건물에 방문하여 아무도 만나지 못하고, 명함 한 장 나눠 주지 못한 채 그냥 문 밖으로 나가는 것은 자존심에 매우 큰 상처라고 생각하여 그 여직원에게라도 말을 걸었다. 은행에서 금리세일 캠페인 중인 좋은 상품이 있다는 말을 빌미로 사장님을 만나 뵙기 원한다고 넌지시 던졌다. 때마침 사무실에 노신사 한 분이 막 도착했고 그분께 조심스레 말을 꺼냈더니 흔쾌히 상담 요청에 응해 주셨다. 잠시 쉬어가자는 가벼운 마음으로, 안내해 주시는 사무실로 들어갔다. 낡고 닳아 한쪽이 누렇게 변색된 흰 플라스틱 컵에 다방 커피를 대접해 주셨다. 결코 향조차 나지 않던 커피를 마시며 어색하고 희한한 눈빛으로 노신사와 낡은 소파에 마주앉았다. 노신사는 다른 사장님들과는 다르게 먼저 자신의 소개와 건물에 대한 이야기를 하기 시작했다.

함경도 토박이였던 그분은 6 · 25 시절에 배를 타고 우연히 본 적이 있는 강남에 정착하게 되었다고 했다. 당시 강남은 주민들이

농사를 지으며 살아가고 포장된 도로가 없던 전형적인 촌락이었다. 그분도 매일 강북에서 장사하고 집인 강남으로 귀가하는 생활을 하셨는데 어느 날 장사 물건대금을 다 회수하지 못하자 강남의 땅을 대금 대신 넘겨주었다고 한다. 자꾸만 대금 지불은 땅으로 대체되었고, 그것이라도 받아야 했기에 땅을 받다 보니 땅이 점점 많아졌다고 한다. 그런데 시간이 지난 후 땅값은 천정부지로 솟아올라 한순간에 강남 땅 부자가 되어 있었다고 한다. 강남 내에 지닌 건물과 땅만 수두룩한 그분은 현재 P재단 이사장을 맡고 있으며 알고 보니 굉장한 부와 지위를 지닌 인물이었다. 이 허름한 빌딩에서 운 좋게도 그만한 사람을 마주치리라고는 전혀 상상하질 못했었다. 결국 나의 노력과 열정을 바탕으로 이 멋진 만남을 행운처럼 거머쥘 수 있었던 것이다.

좋은 인연을 만날 수 있는
금융 컨설턴트만이 가진 기회

그렇게 나는 발로 뛴 노력 덕분에 또 하나의 엄청난 고액자산가를 유치할 수 있는 기회를 만들 수 있었다. 책상에 앉아 마냥 머리로만 고군분투했다면 이렇게 주옥같은 사람을 실제로 만나 고객으로 모실 수 없었을 것이다. 물론 고객만으로서가 아니다. 개인적으로 이러한 VIP 고객을 만나는 것은 금융 컨설턴트로서뿐 아니라

나 자신에게도 꿈을 주고 희망을 자극하는 훌륭한 기회가 되었다. 6·25 시절 배를 타고 혈혈단신 건너와서 물건을 팔았고, 지금은 강남에 여러 채의 건물을 소유한 대표이자 재단 이사장이 된 이야기. 고객이기 전에 존경하는 인물로서 이렇게 편하게 마주 앉아 당신의 성공담을 들을 수 있는 기회가 주어지는 직업이 영업 말고 또 있을까?

매일 수많은 고객으로부터 그들이 살아온 여러 이야기를 듣게 된다. 내가 직접 찾아가 한 분 한 분의 이야기를 들어준다는 일념으로 소중하게 대하다 보면 이렇게 고객이기 전에 인간으로서도 소통하게 된다. 고객이지만 개인적으로 많이 배우고, 이런 고객이 단순히 나의 지인이나 인맥으로서 결과한 것이 아니라 스스로 열정을 가지고 몸으로 뛰면서 이루어낸 성과이기 때문에 나는 더욱 더 이 시간이, 이 직업이 만족스러웠다.

나는 남들이 YES라고 할 때 당당하게 NO를 외칠 수 있고 조직에 맹목적으로 수긍하지 않는 사람이 되길 원했다. 또한 영업에서 만큼은 탁월한 능력을 발휘하여 독보적인 존재가 되길 원했다. 사내에서 상사에게 고분고분한 일등 사원이 되진 못했지만, 누구든 나를 무시할 수 없었다. 영업실적은 늘 인사권을 앞선다. 실적이 높아 회사 수익에 크게 이바지한다면, 다시 말해 세일즈맨은 영업 성과만 좋으면 사내 최고 사원이 될 수 있다. 나 자신의 일에 집중할 수 있는 비즈니스를 하고 이에 따른 성과를 고스란히 보상받을 수 있는 영업인으로 살고 싶었다. 이런 직업을 가질 수 있음에 너무 행복하고 만족하며 영원히 금융 세일즈맨으로 살고 싶었다.

낡은 건물의 다방 커피로 시작하여 깊어진 대화를 계기로, 예금 거래부터 시작하여 여전히 지금도 지속적으로 나와 거래를 하시는 노신사 회장님께는 아들이 하나 있었는데 상속증여에 관해 고민과 관심이 많으셨다. 돈은 적어도 문제지만 너무 많아도 문젯거리가 되기 마련이다. 인생이 공평하듯 부자들의 공통점은 돈은 많지만, 그것을 물려받은 자식들이 그들의 인생을 낭비하는 경우가 많다는 것이다. 회장님께서는 자식에게 돈을 물려줘서 잘못된 경우를 자주 보았다 하시며 교육이 잘못되면 젊은 놈이 일은 안 하고 외제차나 사서 돌아다니며 여자, 술, 좋은 차를 끼고 평일에 골프 치러 다니며 몇 억 원을 상속해 주어도 1년 만에 모두 날리는 경우를 많이 보았다며 이를 매우 걱정하셨다. 있으면 있는 대로, 없으면 없는 대로 고민이 많아지는 돈의 양면성 때문에 어르신은 그것을 쥐어야 할지 놓아야 할지 많은 부담감을 갖고 계셨다. 인간으로서 부모로서 속내를 터놓으며 나와 많은 상담을 나누었다. 상담이라기보다는 고민을 이야기하시며 의논을 하셨다. 깊은 유대관계 속에서 고객으로 발전하는 과정, 그렇게 고객이 지인이 되어갔다. 나를 전적으로 믿고 고민을 털어놓을 때, 단순히 고객과의 관계를 넘어 완전히 나의 사람이 되었을 때, 나는 무엇보다 뜻깊은 유대감을 느낀다. 이것이야말로 영업인의 힘이고 자부심이라 생각한다.

Right now, just try. Be different!
Do, see and plan–

성공한 세일즈맨을 꿈꾸는 혹은 현재 영업에 종사하고 있는 이들에게 다시 한 번 얘기하고 싶은 것이 있다면 '일단 부딪쳐라. 부딪치고 나서 생각하라'는 것이다. 고객 파악 및 유치를 위해 책상 위에서 끄적이는 인터넷 리서치가 아니라 Right now, just try. Be different! Do, see and plan의 정신이 필요하다. 고유의 마케팅 방법인 Plan, do, see 즉, 현대 마케팅 이론과는 정반대이지만 적어도 영업에서만큼은 머리로 계산하기 전에 먼저 움직여야 한다. 남들과 똑같은 영업방법으론 성공하기 어렵다는 것을 파악하고 창조적이고 독창적인 방법을 선택함으로써 우수한 성과를 쟁취할 수 있어야 한다. 그리하여 독보적인 성공을 이루어내야 한다. 온갖 수단과 방법을 동원하여 자기만의 개성과 능력을 살린 영업 방법을 만드는 것이 중요하다. 나만의 스킬을 갖춘다면 다음 접근은 용이해지기 마련이기 때문이다.

고민은 나중에 해도 늦지 않다. 사전 고민은 모든 기회를 포기시킬 수 있는 위험요소를 안고 있다. 가장 어리석은 행동은 머릿속으로 먼저 생각하고 이를 겁내고 회피하는 것이며, 이는 굉장히 많은 시행착오와 오류를 범하게 한다. 가장 위험한 것은 아무것도 하지 않는 것이다.

Do, see, Plan– 실패는 교훈을 낳는다. 나중에 미련과 아쉬움만이 남는 행동은 비즈니스를 넘어 인생에서도 가장 큰 실패요소이다. 스펙이 좋은 것도 혈연·지연·학연이 좋은 것도 아닌 필자 자신이 이러한 영업 마케팅 실적을 바탕으로 성공할 수 있었던 것은 모두 노력과 열정으로 직접 몸으로 부딪쳐 이루어낸 산물이라고 자신 있게 말할 수 있다.

결국,
새로운 도전을 하게 된 계기

성취감에 실컷 도취된 나는 포상 휴가로 떠난 싱가포르에서 오히려 깊은 상념에 빠지게 되었다. 나의 삶은 이대로 적당한가? 높은 실적 달성에 성공한 나의 열정적인 삶과 은행원이란 샐러리맨으로서 매달 정기적으로 받는 월급에 안주하는 모습은 어울리지 않는다는 생각이 들었다. 이런 적당한 우대와 인센티브 여행만으로는 전혀 만족스럽지 않았다. 이대로 안주하게 되는가에 대한 반문과 회의감이 일상에서 또, 여행 중에서도 내내 머릿속에 가득 찼다. 내 일에 대한 자부심은 대단했지만, 앞으로의 삶에 대해서 무언가 좀 더 열정을 불태우며 살기를 원했다. 좀 더 자극적이고 짜릿한 도전과 목표가 매일 나를 향해 기다리고 있다면 나는 항상 내가 일했던 것처럼 나만의 열정과 재능, 노력과 도전정신을 발휘할 수 있을 것이라 생각했고 날마다 이에 도전할 수 있는 목표가 넘치길 원했다. 더 큰물로 뛰어들어 홀로 나아가 나만의 사업을 가지고 싶다는 욕심이 들었다. 지금 여행지에서 휴가를 즐기는 이 시간마저 사치였고 낭비되는 시간이 초조하고 불안해질 만큼 너무나도 이 새로운 목표가 간절해졌다. 조직 내 일부 구성원이길 거부한다거나 혹은 보상체계에 대한 불만이라기보다는 나에 대한 불만족이었다. 나 자신과의 끝없는 무한한 가능성에 대한 도전이 내 인생에 항상 마련되길 원했던 마음가짐이었다. 승부욕을 불태우며 매번 도전하는 열정적인 삶을 원했기 때문이다.

성공한 은행 세일즈맨으로 만족할 수 없었던 젊은 날의 혈기 왕성했던 시기에 휴가를 떠났다. 그곳에서 여름 바다를 향해 소주잔을 기울이며 친한 동료들과 이런 것들에 대해 토론하며 상념에 잠겼다. 내 결심은 더욱 굳어졌고 결국 늘 정장 안주머니 속에 지니고 다니던 사표를 꺼냈다. 앞으로 나에게 주어진 것은 완전한 나의 사업이었다. 결국, 포상으로 받게 된 휴가는 내가 조직에서 퇴사를 결심할 수 있도록 생각하는 시간을 내어 준 아이러니한 계기가 되었다.

은행원의 생활은 겉모습처럼 편안하기만 한 직장이 절대 아니다. 남들은 은행원이라면 깨끗하고 잘 정돈된 사무실에서 책상 앞에 앉아 고객을 맞이하는 모습을 상상한다.

그러나 현실은 매우 다르다. 사실 직장 안에서 살아남고, 마냥 우수사원이 되기 위했던 나의 젊은 시절 30대는 굉장히 역동적인 삶이었다. 그러나 영업은 매번 나의 능력을 시험했고 뛰어넘고자 하는 목표와 도전하고자 하는 기회를 마련해 주었다. 이 분야에서 만큼은 남다른 포부로 가득 찼던 나에게 영업인으로서 주어지는 이 멋진 기회들에 대해 나는 감사하며 흔쾌히 도전했다. 이것이 남들과 달리 영업을 대하는 필자만의 태도다.

　20대 후반 외국계 은행인 C은행에 입사했다. 여러 유명 은행 중에서도 한국에 자본투자를 가장 많이 한 세계적인 은행인 C은행은 국내 투자 외국기업 자본 중 최대의 규모를 자랑하는 권위 있는 회사였다. 필자가 입사 당시부터 10년 동안 근무해서 PB팀장까지 역임했던 이곳은 남들에게 인정받는 최고의 직장이었다. 이미 안정된 직위와 직장을 갖추고 있던 내가 왜 이런 안정된 곳을 그만두고 영업인으로, 굳이 다시 처음으로 돌아가려 하는지 남들은 이해하지 못했다. 그것도 내가 택한 보험 영업은 지인들의 날카로운 화살을 피하기 어려웠다. 당연히 친구들과 가족부터 집안까지 엄청난 반대가 뒤따랐으며 모두 나를 이해하려 하지 않았다. 보험 영업에 대한 부정적인 시각이 난무했지만 나는 나만의 직관을 믿었다. 다시 한 번 비상을 하기 위한….

03 거액 자산가 K 만나기 프로젝트

다들 나를 이해하려고 하지 않았다. 넓은 개인 사무실에서 전담 비서를 두며 편안히 고객 상담 업무만 하면 되는 지위에 있는 내가 모든 것을 버리고 전문 보험 영업에 새롭게 도전하는 것을 모두들 이해하지 못했다. 혹 숨겨져 있는 금전적인 위기 상황이 있는 건지, 조직 내에 불화가 있는 것은 아닌지 의심하며 다들 나를 의아하게 생각했다. 그러나 내 결심은 단호했다. 지금까지는 조직과 회사를 위해 일했지만, 나만의 휴먼 브랜드를 가지며 나 자신을 위해 일하고 싶었다.

38세에 회사를 떠나 새로운 시도를 한다는 것은 맨땅에 헤딩하는 것이나 마찬가지였다. 나를 이해하지 못하는 주변의 시선도 이해는 할 수 있지만, 나는 내가 선택한 새로운 행보에 대한 막연한 자신감이 있었다. 성공하는 사람들이 계속 성공할 수 있는 것은 그런 자신감을 가지고 있기 때문이다. 일단 가 보는 것이다. 생각하는 데 3개월, 갈아타는 데 3개월 걸린다면 이미 한차례 늦은 셈이다. 생각과 실천은 동시에 행해야 하는 것이다.

보험 전문 영업을 위한 교육을 한 달 동안 받고 처음 필드에 나가는 날 점심약속을 잡았다. 친한 친구와의 식사 약속이었는데 꼭 영업을 위한 목적이라기보다는 친구와 편안한 상태에서 실전과 같은 연습을 하기 위한 자리였다. 그러나 보험 영업으로 바꿨다는 소문을 들었는지 그 친구는 뒤늦게 본사 회의를 핑계로 자리를 거절했다. 회의가 핑계라면 약속을 다음으로 옮겼겠지만, 그 후 연락은 없었다. 나와의 자리를 왜 피했는지, 정말 중요한 회의가 있었고 그 후에도 너무 바빴는지는 알 수 없지만, 그 당시의 나는 참 씁쓸할 수밖에 없었다.

Idea bank :
금융 전문 아카데미와의 만남

보험 영업으로 본격적으로 일하게 된 이후로 이 세계에서 스스로를 더욱 전문화할 필요가 있다고 생각하던 즈음 한 출판매체에 대해 알게 되었다. '문연 Idea bank'이다. 보험 시장의 흐름과 뉴스, 트랜드를 발 빠르게 제공하고 이에 맞는 상품 솔루션을 제공하는 주간지로서 고객 발굴과 클로징 스킬을 학습하고 영업에 적용하는 데 필요한 스터디 매거진이다. '문연 Idea bank'에서 주최하는 문연 FP 스쿨은 각 개인이 전문 금융 컨설턴트로서 앞으로 더욱 발전하고, 스스로를 개선하고자 하는 이들에게 그에 맞는 커리큘럼을 제공하는 금융인 전문 아카데미이다. 보통 금융 컨설턴트 1년차 이상으로, 영업 침체기에 달하였을 때 돌파구를 찾기 위해 선배들이 듣는 강의인데, I사로 옮기고 한 달 차 신입이었던 때 나는 좀 더 전문적인 스킬 학습과 동기부여를 위하여 이곳을 찾았다. 그러나 1:1 상담을 통하여 등록할 수 있었던 강의는, 보험 영업 신입이던 나에게 수강 신청이 불가능하다고 통보했다. 주변 선배들로부터 듣기로는 당연한 처사였다. 수강료를 지불해도 수강이 불가능하다는 통보에 나는 상당히 분해 있었지만, 어느 날 커피숍에서 문연의 이창영 원장님을 만났다. 그 자리에서 은행에서 10여 년간 일한 PB출신이라고 스스로를 소개하며 최선을 다하여 설득하기를 노력한 결과 나는 겨우 수강 허락을 받을 수 있었다. 약 3개월 동안 이곳에서 강의를 들으며 더욱 전문적인 지식을 습득하고 보험업계의 새로운 트랜드를 학습할 수 있었다.

진정한 보험 영업 전문 컨설턴트가 되기 위한
강심장 다지기

은행 상품 영업도 온갖 시행착오를 거쳤지만, 전문 보험 영업인으로 전환한 뒤 따라오는 편견과 맞서 싸우게 되면서 나는 더욱더 견고한 심장을 가질 수 있었다. 한 예로 어느 대학교에서 건물 타기와 마찬가지로 개척 영업을 하던 중, 학교 교수실로 무작정 찾아가게 되었다. 영업은 확률과 선택, 집중이 거래 성사를 좌우하는 것이기 때문에 특히 여자 교수가 홀로 쓰는 단독 교수실을 집중 공략하기로 했다.

교수실 팻말에 쓰여 있는 교수 명을 잘 살피며 한 여자 이름이 쓰여 있는 교수실로 들어가게 되었다. 그러나 책상에 앉아 있는 이는 남자 교수였다. 여자 이름 같은 남자 교수였던 것이다. 당황스러웠지만 상품 팸플릿을 건네며 컨설팅을 진행하려 했는데, 교수는 멀리서 다소 거만한 자세로 두 다리를 책상 위에 올려놓고는 까딱거리며 나가라고 발로 지시하는 것이다. 상품에 대한 말도 꺼내기 전에 발 까딱거림으로 거절을 당했던 당시 그 순간은 내 생애 최고의 굴욕이자 모욕이었다(내 굴욕의 한계를 시험해 준 교수님에게 지금은 감사를 표하는 바이다).

그래서 결심했다. 더욱더 단단하게 스스로를 무장한 채 지인에 의지한 영업보다는 개척 영업을 나의 주특기로 삼겠다고. 이전 은행 영업을 하던 지난날 초기의 열정과 같이 나는 몸으로 부딪치면서 철저한 개척 영업을 목표로 하겠다는 의지를 불태웠다. 개척 영업만이 100% 나의 영업 능력을 이끌어 내는 주 종목이었다. 나에 대한 자신감이 있었다. 모르는 사람도 내 사람으로 친숙히 만드는 배짱을 최대의 승부수로 걸어야겠다고 생각했다. 지인을 상대로 하는 인맥 위주의 영업은 대한민국 영업마당에서 한계가 있기 때문이다. 나는 뻔히 보이는 한계에 봉착하기보단 미리 그것을 뛰어넘어 초월하기를 원했다. 그래서 평상시에는 지인 영업을 하되 그 외에는 최대의 개척 영업을 하기 위해 고군분투했다. 사전 약속과 관계없이 돌입 방문 시 무례하지 않은 방도 내에서 현실에서 부딪치며 얻을 수 있는 최대의 기회를 쟁취하기 위해 단순하고도 무식할지도 모르는 방법을 감행하는 것이다.

개척 영업으로
VIP Market에 접근하여 성공하다

VIP 마케팅에 주력하던 나는 일단 고소득층을 주 타깃으로 잡았다. 제일 먼저 눈에 보이는 목표는 고소득자의 상징인 의사, 즉 병원장이었다. 그때 우연히 이전 회사 동료한테서 대치동에 고액 자산가이자 병원 원장이 있다는 소식을 들었다. 그에 대한 정보라고는 대치동 건물 위치밖에 없었지만 일단 나는 바로 목표물로 보이는 치과 건물에 무작정 올라갔다. 이것저것 고르지 말고 그때 시야에 들어오는 목표물을 향해 곧바로 직진해야 한다. 그래야 순간 발동한 의지와 열정을 맘껏 최대로 발휘할 수 있기 때문이다. 그리하여 나는 간판의 존재만 확인한 후 무조건 올라가 이야기를 꺼내려 건물 가장 마지막 층으로 올라갔다. 정중히 들어가 간호사에게 원장님과 상담하기를 신청했다. 너무나도 교육을 잘 받은 간호사가 특히나 친절하게 말을 받아주어 용기를 얻을 수 있었지만 손님으로서가 아닌 컨설팅 이야기를 살며시 꺼내자, 싸늘한 표정과 함께 돌아오는 대답은 완곡한 거절이었다. 다음 약속을 물었지만 황당하다는 얼굴로 나를 쳐다볼 뿐이었다. 대놓고 말하지는 않았지만, 얼굴에는 '잡상인 출입금지입니다'라고 경고하고 싶은 기색이 역력했다. 명함을 놓고 돌아가기를 원했지만 그마저 거절당했다.

그러나 나는 포기하지 않았다. 수차례 방문을 한 결과 겨우 명함을 건네는 데 성공하였다. 차츰 방문을 반복하면서 홍보물을 건네며 붙이는 말을 늘이기 시작했다. 평소 내 근무 시간 외에 시간이 날 때마다 틈틈이 찾아갔더니 잠시나마 원장님과 차를 마실 수 있는 기회가 주어졌다. 약 3개월 동안의 도전이 드디어 빛을 발하려고 하는 15번째의 만남 또한 이렇게 치열하게 시작되고 있었다.

그런데 너무 많이 걸어 다닌 탓인지 무릎이 욱신거리며 쑤시기 시작했다. 예전 친목대회에서 축구시합을 하다가 왼쪽 무릎 인대가 늘어난 적이 있었다. 이미 불편하던 무릎으로 영업을 위해 너무 많은 걸음을 한 탓일까? 인대파열로 인해 1박2일 수술을 받고 병원에 입원하기에 이르렀다. 대수술을 받고 나와 긴장이 풀려 심신이 지쳐 있었다. 수술 다음 날 아침 입원해 있던 나에게 아이러니하게도 링거를 꽂고 있는 상태에서 치과 병원 건물의 관리부장에게서 전화가 온 것이다. 원장님이 오늘 보기를 원하신다는 것이었다. 이 무슨 운명의 장난인가! 그동안 멀쩡한 두 다리로 수없이 찾아갔을 때는 허탕의 연속이었는데 하필 이럴 때 나를 보기를 원하다니…. 나는 가만히 있을 수가 없었다. 절대적인 안정이 필요한 것을 나 자신이 가장 잘 알고 있었지만 절대 이 상황에 안정을 취할 수 없었다. 간호사를 호출했다. 고객과의 약속을 핑계로 퇴원을 원했다. 경악하는 간호사는 퇴원을 간곡히 만류했다. 다리를 절 수 있다고, 평생 불구가 될지도 모른다며 대수술 후 절대 안정은 필수라며 날 몰아쳤지만, 그 어떤 최악의 상황도 말로는 나를 진정시킬 수 없었다. 링거를 뽑아들었다. 내 몸은 내 것이듯이 이 기다리던 만남 또한 바로 눈앞에 보이는 나의 것이었다.

바로 환자복을 갈아입고 택시를 타고 달려갔다. 일단 집에 가서 부랴부랴 옷을 갈아입고서 겨우 현장에 도착했지만 창백한 얼굴빛과 절고 있는 깁스한 다리는 감출 수 없었다. 불편한 다리를 겨우 이끌고 빌딩 내 원장실로 올라갔다. 터벅터벅거리는 발소리가 유난히 크게 울렸다. 불편하게 다리를 절룩거리며 서둘러 온 내 모습을 보시곤 잠시 침묵이 일었다. 원장님은 당황한 기색을 애써 감추시며 넌지시 혹시 몸에 핸디캡이 있는지 물으셨다. 있는 대로 대답했다. 만나 뵙고 싶어서 상황이 이러함에도 달려왔다고. 소중한 시간을 내어주셨는데 차마 다음으로 미룰 수 없었다고 진심으로 대답했다.

이에 감동한 원장님과 그 후 2~3번의 만남이 있었고, 나의 VIP고객 리스트에 당당히 그 원장님의 이름 석 자를 올릴 수 있었다.

**성공을 위한 가장 단순하며 정확한 방법은
성공할 때까지 노력하는 것**

왜! 나무는 10번 찍으면 넘어간다고 했을까? 아마 VIP마케팅은 15번 이상은 찍어야 하나 보다. 그러나 원하고 실행하여, 될 때까지 노력한다면 무조건 성공한다.

비가 오지 않아 가뭄과 갈증에 목이 말라 목숨마저 잃던 인디언들에게 비는 무엇보다 삶의 중요한 요소이다. 이를 위해 그들은 제사장에게 온갖 제물을 바친다고 한다. 이 제사장이 행하는 기우제에서 비가 내릴 확률은 100%라고 한다. 그 원인은 딱 하나, 그 제사장은 비가 내릴 때까지 기도를 멈추지 않기 때문이다. 너무나도 간단한 성공의 원칙이다. 한 달이 되든, 1년이 되든 비가 올 때까지 기우제를 지내기 때문에 제사장의 능력은 100% 성공률을 기록하는 것이 당연했다.

16번이나 찾아간 자리에서 내가 거래를 따낼 수 있었듯이 내 신념의 원칙은 그 기우제를 똑 닮아 있었다. 내 VIP 고객들은 하나의 소중한 열정과 끊임없이 임한 제사장의 기우제 사례와 같이 나의 열정의 산물이었던 것이다.

04

영업을 위하여 라식 수술을 감행하다

보험 업계 사람들이 오르고 싶어 하는 최고의 자리인 M.D.R.T.는 Million Dollar Round Table의 약자로 1927년 미국에서 그 해 보험금 기준으로 100만 달러 이상을 계약한 사람들을 칭한다. 즉 연봉 약 1억 원 이상의 회원들로 현재 모든 보험 업계에서 공통으로 칭하는 명칭으로서 업계 명예의 전당 멤버로 칭해진다. 그 기준은 보험료와 커미션 기준으로 일정 금액 이상의 실적을 달성한 사람이며 C.O.T.는 M.D.R.T.의 3배 실적을, T.O.T.는 M.D.R.T. 실적의 6배 이상을 기록한 업계 상위 0.1% 이상의 사람을 칭한다.

나는 입사 후 3년 연속 C.O.T.를 유지하고 있었고 T.O.T.가 되기에는 실적이 조금 모자랐다. 이를 보완하기 위해 근처 병원을 돌며 VIP 마케팅에 주력했다. 그러던 중 나는 라식 수술이 유행이던 시기에 맞춰 눈 수술을 하기로 했다. 당시 라식 수술은 500만 원 이상의 고가 시술이라는 것과 신체의 중요한 일부분을 아직 충분히 검증되지 않은 수술대 위에 올려놓는 것이라 굉장히 겁이 났다. 하지만 극적인 영업 반전을 위해, 나의 나쁜 시력을 마케팅 전략으로 삼았다. 강남 일대의 유명한 안과를 돌면서 수술 상담 시 나의 눈을 맘 편히 맡길 수 있는 의사선생님을 찾았다. 그리고 얼마 후 수술이 이루어졌다. 수술 후 관리를 하기 위해 지속적으로 병원을 방문하였다.

영업은 타이밍이 중요하다. 마지막 방문을 하면서 기회가 이때임을 깨닫고 넌지시 이야기를 꺼내기 시작했다. 원장님께 보답으로 하나의 선물을 드리겠다며 명함을 드렸다. 나 또한 바쁜 사람이지만 당신을 위해 재무 설계를 해 드리겠다며 제안했다. 내가 선택한 의사는 라식 수술 전문 의사 중 Top of Top으로 워낙 바쁘신 분이기에 예약 잡는 것조차 매우 어려웠다. 통화 연결 또한 쉽지 않으며 사전 약속을 해도 2~3시간 기다리기 일쑤였다. 심지어 어느 날 방문에는 나와 선약을 했었음에도 수술이 지체되어 5시간 이상 기다린 적도 있었다. 언뜻 책상 위에 금융 컨설턴트로 일하는 사람들의 명함이 쌓여 있는 것이 보였다. 그중 내가 선택될 확률은 몇일까? 그러나 나는 전혀 절망하지 않았다. '늘 그래왔던 인생이다. 언제 어디서나 이 세상 아래 경쟁자는 존재한다. 피하기보단 맞서 경쟁하는 것이 내 영업 철학이자, 룰이다'라고 생각하며…

그러던 어느 날 겨우 연결에 성공하여 휴식 타임에 그분을 다시 만날 수 있었다. 결국 원장님과 재무 상담을 할 수 있는 기회를 얻을 수 있었고 이에 최선을 다했다. 평소에 살펴왔던 원장님의 라이프스타일과 상담을 통해 알게 된 인적사항을 바탕으로 고객의 요구와 그동안 영업 경험에서 얻은 노하우를 바탕으로 컨설팅을 진행했다. 결국, 수많은 업계 동료 FP들의 명함을 뒤로하고 나의 명함이 원장님 수첩에 제일 먼저 선택되는 승리를 쟁취했다.

부자들의 심리에
주목하라

VIP 마케팅에서는 부자들의 심리를 파악하는 것이 중요하다. 부자들은 지인과 인맥을 통해 금융거래하는 것을 꺼린다. 실제로 치과 원장님과 상담하면서도 느낄 수 있었다. 주위 사람들과 돈거래를 하지만 돈을 돌려받는 것을 꺼리는 일도 있었다. 가령 돈을 빌려 갔으면 갚지 않기를 바라는 사람도 있다. 도대체 왜 그런 것일까? 일반 사람들과는 너무나도 다른 생각이었다. 궁금함을 참지 못하고 물어보았더니 답변은 이러했다. 한번 돈을 갚지 못하면 더 큰 액수의 돈을 빌려 달라 요청하지 않을 것이기 때문이다. 원활했던 거래 관계를 핑계로 나중에 빌려 달라는 액수가 1억, 2억 액수가 점점 커지고 심지어 빚 보증을 서 달라고 할까 그게 더 무섭다는 것이다. 그리고 지인을 통해 금융기관 거래를 하면 돈 많다는 소문이 주변에 쫙 퍼진다는 것이다. 그러하기 때문에 그들의 드러내지 않는 심리는 자신과 직접적인 관련은 없지만 믿을 만한 사람과 거래를 하기를 원하는 것이다. 원장님과 나는 재무 설계사와 고객이기 이전에 환자 대 원장으로 만났으며 꾸준하고 성실한 진료 태도를 통해 신뢰를 얻었다. 그러면서 나는 자연스럽게 그의 금융 주치의가 될 수 있었다. 즉 VIP 고객이 가장 원하는 금융컨설턴트는 인맥, 혈연 관계는 전혀 얽혀 있지 않지만, 정말로 신뢰가 가는 사람이다.

05
과거의 악연이 VIP 고객으로

　　　　　　　　　　일반인이 10억 원을 벌 확률은 과연 몇 %일까? 세계 인구를 상대로 조사해 본 결과 부모님으로부터 유산으로 10억 원을 물려받는 행운을 거머쥘 확률은 1,200만 명 중의 한 명 꼴이라 한다. 이는 로또 10억 원에 당첨될 확률과 유사할 만큼 매우 드문 확률이다. 또한, 카지노나 퀴즈쇼로 10억 원의 상금을 쟁취할 수 있는 경우는 각각 600만 분의 1, 400만 분의 1이다. 일반 샐러리맨이 월 100만 원씩 30년 동안 꼬박 복리로 저축하여 10억 원을 만드는 경우도 150만 명 중의 하나이다. 사업에서도 1천 명 중 한 명의 확률만이 10억 원의 돈을 모으는 데 성공한다.

　　한순간에 10억 원까지의 커미션은 아니더라도 나는 한 번에 억

대의 커미션을 받은 큰 계약들이 있었다. 그중에서도 P로펌과의 계약은 내가 해낸 거래 중 처음으로 가장 큰 규모의 계약이었다. 그것보다 중요한 것은 그 계약이 지금도 잘 유지되고 있다는 점이다. 그 당시 동료 중에는 한 건의 고액 계약(저축성보험 월납 2.5억)으로 일반 대기업 부장 연봉의 10년치 정도 되는 커미션을 받을 수 있었다. 하지만 계약보다 더욱 중요한 것은 그 계약이 지속적으로 유지되어야 한다는 것이다. 만약 계약이 지속적으로 유지되지 않는다면 선급하여 받은 커미션을 환수해야 하기 때문이다. 동료의 그 어마어마한 큰 계약은 결국 유지가 안 되어 결국 커미션을 환수당했다.

보험은 장기성 상품이기 때문에 계약 못지않게 계약 유지가 더 중요하다. 필자의 모든 계약은 납부 의무기간 때까지 유지율이 약 98% 정도로 완전 판매를 했다. 나는 이것에 대해 내세워 이야기할 만하다고 자부하며, 이제는 그 고객들이 단순한 고객을 넘어 지인이 되었다는 사실에 무한한 뿌듯함을 느낀다.

좋지 않던 기억으로 남은 지인을 통해
영업 최대의 꽃인 T.O.T.를 달성하다

새로운 고객을 발굴하고자 노력하던 중 수년 전 은행에서 연을 맺었던 P로펌 사장님을 찾아뵙게 되었다. 그러나 사무실로 들어서자마자 이게 무슨 운명의 장난인가, 사무실 입구에서 나는 가장 최악의 상황과 맞닥뜨려야 했다. 내가 C은행에서 근무하던 시절에 그 회사에서 근무하였던 여직원과 맞닥뜨린 것이다. 가슴이 철렁 내려앉았다. 당시 그녀가 나에게 과한 요구를 하여서 내가 정중하게 거절했었던, 거래는 뒤로하고 다시는 만나고 싶지 않던 불쾌한 추억의 주인공이었기 때문이다. 그녀는 은행 근무 시절 담당직원이었던 나에게 환전을 원하는 고객에게 환율을 깎아 달라고 요구했었다. 당시 내가 할 수 있는 범위의 최대치 이상까지 제공했으나 지속적인 고객이었던 것을 강조하며 타 은행과 비교하면서까지 무리한 요구를 했었다. 원칙적으로 허용되지 않았던 범위의 무리한 할인 폭이었기 때문에 나는 정중히 거절할 수밖에 없었다. 은행 내 지인을 무기로 자꾸만 나를 궁지에 내몰았었던 기억의 주인공인 여직원을 2년 후에 이 자리에서 다시 만난 것이다.

거래가 불가능하겠구나 하고 예상하며 당황한 표정을 감춘 채 멀뚱히 서 있었다. 그러자 그 여직원이 물었다. "왜 오셨어요?" 그 삐딱한 물음은 그 또한 나를 기억하고 있단 증거다. 순간 머릿속으로 2년 전 그때 그 표정도 함께 떠올랐다. 나는 시큰둥하게 사장님 좀 만나 뵈러 왔다고 대답했다. 그러자 도리어 지금 그 은행 그만두고 뭐하냐고 나에게 당돌하게 물었다. 나는 더 시큰둥하게 영업을 하고 있다고 말했다. 괜히 발걸음을 했다고 투덜대며 차갑게 식어 돌아가는 발걸음을 재촉하려던 찰나, 그녀 또한 내키지 않는 말투로 "사장님 따님이 와 계신데 한번 보시고 가시든가요."라며 말을 툭 내뱉었다. 그래서 사장님의 후계자인 따님과의 첫 만남이 시작되었다. 그리고 내키지 않았을 그 말을 해 준 그 여직원이 고마웠다. 다시 "지금 계십니까?"라며 정중히 물어보자 못마땅한 표정이지만 나를 사장실로 안내해 주었다.

안내받은 사무실로 들어가자 사장님의 딸로 보이는 한 여성분이 앉아 있었다. 은행에서 근무하던 시절에 지금은 고인이 된 사장님과의 연을 말씀드리며 나의 본론을 꺼냈다. 당시 많은 상속증여 문제를 안고 있었기 때문에 그 문제를 집중적으로 공략하여 VIP 마케팅 사례에 대한 나의 전반적인 노하우를 담은 다양한 솔루션을 제시했다. 나에게 신뢰감을 얻으셨는지 체계적인 대안에 만족하신 그분은 나의 소중한 고객이 되었다.

2년 전 껄끄러웠던 여직원에게서 냉랭하고 싸늘하게 나를 보던 그 표정을 정확히 잡아내었지만 나는 다시 한 번 도전 정신을 발휘해 기회를 쟁취해 내었다. 포기하지 않았기 때문에 얻은 기회였다. 이 여직원이 이곳에 근무한다는 사실을 알았더라면 그 회사에 절대로 방문하지 않았을 것이다. 사적인 감정 때문에 미리 불편한 만남을 피하려고 포기했을지도 모른다. 그러나 나는 발로 방문하였기에 1차 사전적으로 포기하는 실수를 피할 수 있었다. 그리고 직접 이곳에 도착하였기에 그냥 물러날 수는 없었다.

그리고 필자는 도전하여 성취하였다. 금융영업에 있어서 가장 큰 리스크는 아무것도 안 하는 리스크다. 도전해서 성공하면 Best of Best인 것이고, 만약 실패하면 그것을 교훈으로 다시 도전 또는 다른 목표를 찾으면 된다. 그렇지만 아무것도 안 하면, 정말 아무것도 일어나지 않는다.

다양하고 새로운 인연을 만날 수 있는
영업의 매력

영업도 인생도 수학적으로 계산할 수 있는 것이 아니기 때문에 긍정의 마인드를 갖고 부딪치고 도전한다면 누구에게나 기회의 문이 활짝 열린다. 이번 사례로 나는 또 한번 마음 깊이 이 사실을 되새길 수 있었다. 나와 악연이라고 생각했던 그 불편한 기억이 오늘의 행운이자 결정적인 기회를 제공해 준 것이다. 인연은 이렇게 유동적이다. 이러한 인연을 맺어나갈 수 있는 영업인임에 다시 한 번 감격스러운 마음이 들었다. 그래서 영업은 매력적이다. 20년 동안 금융영업에 매진하고 있는 내 자신이 너무나도 자랑스러웠다.

10억 인구를 움직인
시진핑의 힘과 진심 마케팅

온화하고 원만한 성격으로 차세대 중국 지도자로 주목받고 있는 시진핑은 공산당 입당을 10년 이상 거절당하고, 그 이후 하방 7년이 저를 키운 것이라며 홍콩의 한 신문에서 이를 보도했다. 정치적 탄압을 받았던 아버지 때문에 공산당 입당 원서를 열 차례 썼지만 모두 퇴짜 맞기를 반복했던 그는, 어느 날 중국 공산당 군사위 부주석에 오르면서 사실상 중국을 이끌어갈 차기 지도자로 낙찰되었다. 그가 항상 강조하는 덕목은 "첫째, 사람을 성실히 대하고 둘째, 일을 열심히 하며 셋째, 과시하지 말고 넷째, 실질적인 성과만 추구하는 것"이다. 이것은 그의 인생에 큰 영향을 끼친 하방(下放 : 농촌으로 내려가 육체노동) 경험에서 비롯된 것이며 농민들과 살며 서민들과 직접적인 인연을 맺으면서 민중을 깨닫고, 육체적·정신적 고난에서 융화법을 찾은 것이 큰 계기가 되었다. 그러면서 "이는 내가 평생 지켜야 할 것으로 나의 자신감을 북돋아 주었다"라고 설명했다. 이때의 경험으로 그는 인민은 공산당원의 의식이며 부모라는 마음가짐으로 전심전력을 다해 힘껏 일해야 한다는 확신을 얻었다. 하방 경험을 통해 쉬지 않고 자신을 단련하는 법을 체득하며 진심으로 민중과 하나된 시대의 지도자가 될 수 있었던 것이다.

필자의 인생 좌우명도 그의 진심 어린 삶의 방식과 일맥상통한다. 중국에서 차세대 지도자 반열에 오른 것도 사람을 진심으로 성실하게 대하며, 이해타산에 따라 사람을 판단하고 이용하지 않았기 때문이다. 10억 인구를 움직인 지도자의 힘은 이러한 단순한 룰에서 생겼고 그것이 그를 오늘날의 촉망받는 자리에 있게 하였다.

진심 마케팅은 영업뿐 아니라 인생의 전반적인 문제에서도 늘 통하는 법칙이다. 영업이 되든 안 되든 나의 성공철학인 진심으로 사람을 대한다는 것은 결과가 어떻든 항상 좋은 만남, 인연과의 기회를 유발한다. 사람의 중요성을 깊이 새기고 진실적으로 대한다면 하늘도 감동하여 나에게 뜻밖의 기회를 제공하기도 한다.

앞에서 비가 올 때까지 기우제를 올리는 인디언들의 제사장에 대한 사례를 언급한 적이 있다. 제사장은 비가 올 때를 기다려 비가 온다면 기우제를 멈추지만 이에 더욱 앞서 워렌 버핏은 비가 내린 후에도 충분히 내릴 때까지 기우제를 멈추지 않는 정신을 갖고 있다고 한다.

당신은 꿈을 향해 얼마나 정성껏 기우제를 지내는가? 그리고 기우제를 얼마나 오랫동안 지내는가? 비가 온 것만으로 당신은 충분한가?

당신만의 기우제를 위한 노력과 열정은 얼마만큼 대단했는지 이 시점에서 다시 한 번 생각해 보아야 할 것이다.

06

한강 이남
최고 점포 만들기 프로젝트

　　　　　　　　　　보험회사에서 개척 영업으로 VIP영업에
4년간 종사하면서 나의 소득 금액은, 내가 은행을 그만두지 않고
다녀 55세 정년퇴임까지 꾸준히 받을 수 있는 월급을 한 푼도 쓰
지 않고 저축했을 때 겨우 만져볼 수 있는 금액보다 많은 액수였
다. 그만한 액수를 4년 동안 소득으로 창출했다. 정확한 숫자로
통장에 찍혀 나오는 그 적나라한 액수, 눈에 보이는 그대로 느껴
지는 성취감은 무에서 유를 창조한 대가라고 생각하니 이루 말로
표현할 수 없었다. 절대 돈이 인생의 전부는 아닐지라도 대한민국
이라는 자본주의 사회에서 돈이 있음으로 인간의 가치가 높아진
다는 것은 무시할 수 없다. '물질'이라는 이 지독한 애증의 물체로
말미암아 우리는 울고 웃는다. 돈이 삶의 궁극적인 목적은 아닐지

라도 삶의 질을 원하는 만큼 높일 수 있는 수단이며 그것을 통해 자기만의 시간과 인생을 즐길 수 있다.

나 또한 이러한 성취감을 누리며 아늑한 생활에 만취되었다. 휴가 겸 비즈니스 여행으로 가망 고객과 지인들을 대동하고 1달 정도 중국에 머물 예정으로 골프여행을 간 적이 있다. 과연 내가 샐러리맨이었더라면 이러한 시간적·경제적 자유를 만끽할 수 있었을까? 나는 좀 더 여유로운 시간을 즐길 수 있음에 나의 직업에 대하여 또 한번 감사하는 마음을 가질 수 있었다.

그런데 광활한 중국 대륙을 여행하면서 새로운 도약을 위한 또 다른 도전의 욕구가 내 안에서 용트림했다. 평소에 나를 따르던 한 후배에게 어쩌면 나는 무의식적으로 기다리고 있었을지도 모르는 솔깃하고 자극적인 제안을 받았다. 대기업 계열 보험회사에서 영업 조직을 구축해 달라는 제안이었다. 직답은 피한 채 귀국 후 서울에서 이에 대해 다시 이야기하기로 하고 전화를 끊었다.

자신을 스스로
되돌아보는 계기

후배의 제안은 깊은 고민에 빠지게 하는 동시에 다시 한 번 나를 되돌아보는 계기가 되었다. 몸과 마음은 여유롭지만, 지금처럼 내 안의 열정을 숨긴 채 안일한 삶을 살기는 싫었다. 영업인으로서 정상에 올랐기 때문에 지금의 나는 나도 모르게 항상 달려만 오던 내 인생과는 달리 잠시 멈춰서 더 진보하려 하지 않은 채 편하게 안주하고 있었을지도 모른다. 나에 대한 새로운 가치를 발견하고 싶었다. 이를 쟁취하여 다시 한 번 그 정상에 선 기쁨에 도취되고 싶었다. 또한, 나의 사랑하는 후배들과 공유하고 싶었다. 후배의 겸손하지만 발칙한 제안은 다시 한 번 나를 짜릿하게 자극해 주었고 주어지는 도전의 기회에 언제나 최선으로 임하는 나에게 또 한번 새로운 나를 발견할 기회를 마련해 주었다.

이미 영업인으로서 정상의 반열에 우뚝 서 있던 나였다. 사회적 지위도 경제적 혜택도 모두 만족스러웠다. 그런 내가 다시 조직을 구축하여 새로운 영역에 도전한다는 것으로 인해 가족과 지인 모두에게 또다시 강력한 반대의 화살을 맞았다. 나 또한 알고 있는 사실이다. 사내 사원으로서 하는 개인 영업과 조직 영업의 리더가 된다는 것은 또 다른 차원의 문제이다. 그러나 나는 언제나 남들과 다른 방향으로 차별화하여 나만의 길을 가길 원했고, 그에 따른 독보적인 성공을 이루길 원했다. 타인의 주장에 의존하지 않고 나 자신에 의존하길 원했다. 뻔한 결과에 대한 확신보다는 내가 개척하고 도전할 수 있는 기회가 나에게는 더 매력적이었다. 또 한번 도약의 날개를 펼쳤다. 그럼으로써 성공이라는 햇살이 나에게 당당히 다가오길 바랐다.

본격적인 보험 영업 전문 조직
구축의 시작

그 당시 업계는 주요 보험회사 20여 곳이 대졸자 이상 학력의 전문채널 구축을 위해 사활을 걸고 있었다. 그러나 그것은 중요치 않았다. 나의 목표는 한수이남 최고 점포를 구축하는 것이었다. 즉 활동영역이 강남지역이었으니 이곳에서 최고의 영업점을 만들고자 했다. 나의 모든 것을 쏟을 후배양성 및 조직 구축에 본격적으로 진입했다.

어느 날 H금융 보험 세일즈 전문 조직을 총괄하시는 김관영 상무님을 찾아뵙게 되었다. 30여 년 동안 한 조직에 머무시면서 최정예의 영업 조직을 구축하고 최고의 실적을 달성한 업계 맹장이셨다. 한눈에 강력한 포스가 느껴지기에 충분한 분이었다. 신규 지점 설립을 위한 프레젠테이션으로 내가 준비한 것은 A4용지 3장이었다. '한수이남 최고 점포 구축'이라는 강건한 목표를 크게 써 놓은 그 A4 용지 3장에 내 모든 열정을 고스란히 담았다. 진부하고 구차한 말은 필요 없었다. 나는 준비되었고 자신 있었기에 그 안에 나의 모든 메시지를 담기에 충분했다. '내가 이런 사람이니 나의 제안을 봐 달라' 같은 다소 무례할 만큼의 마음가짐으로 당당히 내 말에 힘을 실었다. 잠시 정적이 흘렀다. 그러나 나는 확신했다. 그분의 눈빛은 이미 나의 포부에 사로잡혀 있었기 때문이다. 화끈하게 단번에 악수를 청하시더니 매우 감동적이었다며 나에게 원하는 조건을 물으시며 다 들어주겠다고 하셨다.

   또 한번 나는 자부심에 사로잡혔다. 용기를 내어 도전한 기회에 나는 오늘도 승자가 되었다. 이것도 역시 마찬가지였다. 아는 인맥과 지인을 찾아가서 회사 입사에 타진하는 것이 보편화된 생각이었지만 나의 순수한 열정과 그보다도 충분한 자신감이 있었기 때문에 내가 근무하고 싶던 회사에 찾아가 좋은 조건으로 나만의 조직을 구축할 수 있었던 것이다.

항우의
파부침주破釜沈舟

   진秦나라 말기 영웅들이 천하를 다툴 때의 이야기이다. 급격히 추진된 진나라의 통일 정책과 대국민 토목공사 등으로 백성의 부담이 가중되면서 민심이 동요하기 시작하자, 진시황제 말년에 극단적인 탄압정책이 시작되었다. 진나라의 폭정을 견디다 못한 백성은 시황제의 죽음을 계기로 여기저기서 들고일어났다. 이에 진나라는 장군 장한章邯을 내세워 항량項梁을 정도定陶에서 대패시키고 그를 죽게 했다. 장한은 이 승세를 타고 조왕趙王을 크게 격파하고, 쥐루를 포위하였다. 그러자 이에 맞서 항량의 조카 항우는 영포英布를 보내 막게 했지만 역부족이었다. 다급해진 조왕의 대장 진여陳餘가 항우에게 구원병을 요청하기에 이르렀다. 항우는 진나라를 치기 위해 직접 출병하기로 했다. 항우의 군대가 막 장하를 건넜을 때였다. 항우는 갑자기 타고 왔던 배를 부수어 침몰시키라고 명령을 내리고, 뒤이어 싣고 온 솥마저도 깨뜨려 버리고 주위의 집들도 모두 불태우도록 했다. 그리고 병사들에게는 3일분의 식량을 나누어 주도록 했다. 이제 돌아갈 배도 없고 밥을 지어 먹을 솥마저 없었으므로, 병사들은 결사적으로 싸우는 수밖에 달리 방법이 없었다. 과연 병사들은 출진하라는 명령이 떨어지기가 무섭게 적진을 향해 돌진하였다. 이렇게 아홉 번을 싸우는 동안 진나라의 주력부대는 궤멸되고, 이를 계기로 항우는 제장諸將의 맹주가 되었다.

이 고사에서 유래된 '파부침주破釜沈舟'는 결사적인 항전태세를 갖추게 한다는 의미이다. 전방에 도달하여 강을 건너자마자 배를 부수고 솥을 부수게 하여 막다른 골목에 몰린 것처럼 사생결단하는 정신 상태로 싸움에 임한 것을 의미한다.

나 또한 용장이었던 항우의 그것을 닮고자 했다. 돌아갈 방법도 피할 생각도 전혀 없으니 이는 결사항전이다. 나의 등 뒤에 강물이 흐르고, 나는 돌아갈 곳이 없으니 싸움에 져서 죽든지 강물에 빠져 죽든지, 죽는 것은 마찬가지이므로 죽기 아니면 살기의 자세였다. 내 모든 20년 금융 경력을 쏟아 부을 최강의 조직 구축 사업에 본격적이고 결사적인 각오로 임했다.

한수이남 최고점포 이인동심 기리단금
漢水以南 最高店鋪 二人同心 其利斷金

늘 그렇듯이 시작은 미비했다. 남이 운영하고 있던 지점에 3평 남짓한 회의실 하나를 빌려 시작했다. 2~3개월 동안 단 하나의 테이블을 한가운데 두고 PC와 프린터, 팩스를 두어 옹기종기 모여 방에서 회의하고 근무하며 응집된 조직을 구축했다. 책상이 너무 작아 모여 앉은 직원들이 조금만 책을 움직여도 커피잔이 떨어질 정도였다.

대형 보드판에 '漢水以南 最高店鋪 二人同心 其利斷金'이라는 지점 목표를 큼지막하게 써 놓았다. 한강변 아래에서 최고의 실적을 가진 지점이 되기 위해 둘에서 하나 되어 쇠도 끊을 수 있을 만큼의 단결력으로 일하겠다는 결의를 가득 담는 내용이었다. 이를 뒷받침하는 최상의 네트워크를 구축하기 위하여 치밀하고도 전략적인 방안을 세웠다. 이전의 회사 인맥을 이용하여 I사의 M.D.R.T.를 달성하던 F.P.Finance Planner를 S.M.Sales Manager으로 모집하는 것이었다. 또한, 옛 은행 퇴직 여직원을 F.P.로 채용하여 1년 경과 후 S.M.으로 발탁했고, 은행 Direct Sales 조직을 인수하며, G.A. 손해보험사 등의 영업조직 일부분을 인수하겠다는 계획을 세웠다. 또한, 최강의 조직 관리 방안으로 2·2·3 전략을 내세워 B.M.Branch Manager은 한 달 이내에 두 명의 S.M.을 발탁하고, S.M.은 두 명의 F.P.를, F.P.는 일주일에 3명의 고객과의 거래를 성공하도록 3W를 서로 독려했다.

진정한 리더의 의미 :
조직원들의 최고 능률을 이끌어 낼 수 있는 지도자

위나라의 오기는 신분 때문에 재능을 펼칠 수 없었기에 친분을 쌓느라 재산을 모두 탕진해 스스로 노나라로 망명한다. 재상의 자리까지 오른 오기는 전장에서 순시 중에 종기로 고생하는 병사를 발견한다. 그는 고통에 힘들어하는 병사를 위하여 종기 속 고름을 입으로 빨아내 주며 온몸으로 병사를 간호해 주었다. 그러나 이 소식을 접한 병사의 어머니는 통곡을 했다고 한다. 그 연유를 물어보니 여인은 대답했다. 이 병사의 아버지 또한 오기 장군의 부하였는데, 작년 그분께서도 병사로 전투에 임할 때에도 오기 장군은 그의 고름을 입으로 빼내주었다고 한다. 이 하늘과도 같은 은혜에 보답하며, 충성하기 위하여 전방에서 앞장서 싸우다가 그만 목숨을 잃었다고 한다. 이와 같은 일을 겪었으니 이번에 자식 또한 잃게 생겼다며 이제 누구를 의지해 살아야 하느냐며 통곡하였다고 한다.

병사들의 최고의 전투력을 위하여 썩은 고름을 입으로 직접 빨아주었던 오기의 모습은 병사들과 고락苦樂을 같이 하고 병사들을 자식같이 돌봄으로 그들의 마음을 얻어 백성이 기꺼이 전쟁에 죽을 각오로 싸울 수 있게 한 것이다. 이처럼 진정한 지도자는 조직원들이 최고의 능률을 이끌어 낼 수 있도록 해야 한다.

　나는 거의 2년 동안 휴일과 주말을 반납하며 이 조직 구축에 미친 듯이 몰두했다. 함께 일하는 컨설턴트가 하나 둘씩 많아질수록 이들을 위한 책임감이 더욱 중요해졌다. 그러나 그 책임감이 무겁기만 한 것은 아니었다. 이는 나에게 매우 기분 좋은 책임감으로, 일에 대한 열정을 더욱 불러일으켜 주었다. 나의 생활은 '월화수목금금금'인 형태를 반복하였다. 주말도, 공휴일도 심지어 명절도 없었다. 회사나 그 누군가가 이를 강요한 것은 아니었다. 나 스스로 한 금융 조직의 리더로서, 내가 세운 목표인 한수이남 최고 점포를 구축하기 위하여 그 누구보다 노력하였고 무엇보다 열정적으로 이 일에 매진했다.
　그러나 같이하는 파트너들에게는 야근과 휴일반납을 강요하지는 않되, 근무 시간 만큼은 최고의 효율로 근무해주길 바랐다. 매일 아침 조회와 교육을 했고, 철저하게 컨설턴트들을 관리하며 오전 11시에는 무조건 고객을 향해 달려갈 수 있도록 독려했다. 고객과의 만남 시간을 가질 수 있는 점심시간에 직원들끼리 점심을 먹는 것은 아무런 도움이 되지 않는 시간 낭비이기에, 이를 금지하는 것은 우리 조직 안의 유일한 규율이었다. 점심을 고객과 함께하는 것은 고객관리를 위한 금융 컨설턴트의 기본자세이다. 직원들의 활력을 위하여 지점 앞에 서서 직원들을 일일이 격려하는 수고도 마다치 않았다. 처음에는 조금 꺼림칙해하는 눈치였지만 이 룰은 그들의 실적에 매우 큰 영향을 끼쳤고, 그 후에는 자연스레 점심시간의 중요성을 깨닫고 우리 조직의 컨설턴트들은 효율적인 시간 관리를 하게 되었다.

더욱 효율적이고 능률적인 완벽한 조직 구축을 위한
3대 필수 철칙

또한 열정으로 뭉친 탄탄한 우리 조직 내에는 가장 중요한 필수 덕목인 3대 운영규칙이 있었다.

첫째는 절대 긍정의 마인드로 일하는 것이다. 인생도 마찬가지이지만 영업조직에서는 절대 긍정적인 사고를 하는 자만이 성공할 수 있다. 조직사회에서 나태하고 안일한 삶에 안주하며 세상을 부정적인 시선으로 보는 자는 절대 성공을 손에 넣을 수 없다. 또한, 그런 불성실한 마인드는 당연히 타인에게 악영향을 끼치기 때문이다. 매사 긍정은 절대적인 필수 덕목이다.

둘째는 아무것도 인정하지 않는다. 이 말을 들으면 내포된 의미를 받아들이기 어려울 것이다. 정체성에 대한 반문인가? 그렇지 않다. 내포된 의미는 의외로 단순하다. 최고의 효율을 위하여 조직원의 이전 사회에서 어떤 삶을 살았는지 나이가 몇인지 어떤 배경을 가졌는지에 대한 잣대를 기울이지 않는 것이다. 영업에서만큼 우리는 누구보다 공평하고 평등한 상태이다. 즉, 영업의 꽃은 정확히 그 기여분만큼 보상을 받는 C=C(Contribution=Compensation)이다. 일반 샐러리맨은 아무리 좋은 실적을 내더라도 그 조직의 수장보다 더 많은 급여를 받을 수 없다. 그러나 영업 조직 내에서는 가능하다. 나는 영업세계에 입사 3개월 후부터 이러한 영업을 하였다.

셋째는 사업가 정신이다. 우리는 샐러리맨이 아닌 세일즈맨이다. 영업의 최전방에서 뛰는 프로세일즈맨으로서 수동적이기보다는 능동적인 사업가 정신이 필요하다. 자신이 삶에 대한 뜨거운 열정의 주인공이 되는 자세. 철저한 자기관리를 바탕으로 1인 기업의 CEO가 되어 당신의 이름인 브랜드를 관리하는 마케팅 책임자가 되어야 한다.

누구도 나에게 이를 강요하지는 않았지만 나는 홀린 듯이 이 일에 빠져들었다. 아마 기록일 것이다. 최단기간인 3개월 만에 20명을 맞춰 강남에서 명성을 자랑하는 GS타워에서 새롭게 지점의 터전을 마련했다. 그뿐만이 아니다. 제2의 도약을 하여 1년 만에 70명의 조직을 구축하여 임대료가 제일 비싸고 다국적 기업과 최고의 실적을 내는 영업조직이 몰려 있는, 테헤란로의 꽃인 Gangnam Finance Center(구 스타타워) 200평 지점의 사무실에 당당히 안착했다. 이것도 다른 회사의 컨설턴트들을 단체로 스카우트(떳장 영업) 한 것이 아니라, 매니저들과 합심하여 1명, 2명, 전원 신인으로만 컨설턴트들을 리크루팅한 결과인 것이다. 회사 내는 물론 업계의 최단 기간 조직 구축 기록이었다. 나는 또 한번 정상에 올라섰다. 나 자신과의 싸움에서 다시 한 번 승리한 것이다.

꿈이 이루어지지 않을 때는
꿈꾸지 않을 때뿐이다

트럭 운전사로 일하던 제임스 카메론James Cameron은 언뜻 머릿속에 스쳐 가는 이미지들을 그려 넣은 한 장의 스케치로부터 원대한 꿈을 꾸기 시작했다. 그 스케치가 30여 년 후 오늘날의 영화 역사를 바꾸는 〈아바타〉가 된 것이다. 12년 전 그가 세운 〈타이타닉〉의 전설적인 흥행 기록을 스스로 깨부순 〈아바타〉는 어느 날 세상에 툭 던져진 우연한 결과가 아니었다. 그가 평생에 걸쳐 갈고 닦은 노력과 열정이 조금씩 발전하고 합쳐진 결과인 것이다. 중도에 포기할 법도 하지만 굴하지 않고 끝까지 목표를 향해 그는 질주했다. 타고난 배짱으로, 인수되거나 망하기 쉬운 영화계 현실에서 매번 더 큰 도전에 나선 것은 '나는 할 수 있다'라는 자신감이 깔려 있지 않고서는 불가능했다. 그의 꿈은 화려하게 꽃을 피웠다. 또 한번 영화세계의 전설이 되어 제70회 아카데미상 시상식장에서 감독상을 거머쥔 그는 수상 소감 마지막에 "내가 세상의 왕I'm the king of the world"이라며 영화 속에 자신의 열정을 고스란히 담았던 진심을 이렇게 드러냈다.

"최고를 뽑아내겠다는 생각이 나를 둘러싼 모든 것을 이긴다. 어떻게 해야 최고가 될지 훤히 보이는데 그보다 안 좋은 방법으로 일하는 건 참을 수 없다."

최선은 모든 가능한 방법을 쓰는 것이고 꿈을 꾸는 자는 당신이며 그 꿈의 주인공 또한 당신이다. 아무도 당신을 기다려주지 않는다. 먼저 꿈에 다가서는 자가 쟁취하는 것이다. **꿈이 이루어지지 않을 때는 꿈꾸지 않을 때뿐이다.** 넓은 들판의 정상에 홀로 선 바람개비를 상상하라. 바람이 불지 않을 때 바람개비를 돌리는 유일한 방법은 앞으로 달려가는 것이다. 바람이 많이 불 때는 가만히 서 있기만 해도 바람개비는 저절로 돌아갈 것이다. 그러나 바람이 불지 않을 때는 바람개비는 돌지 않는다. 바람개비를 계속해서 돌릴 수 있는 유일한 방법은 앞으로 달려 나가는 것이다.

우리 인생도 바람개비와 닮았다. 바람개비 마냥 무방비하게 기다리는 자가 되어서는 안 된다. 스스로 회전할 힘이 없는 나약한 날개로 바람이 불어주길 기다리며 낭비하기엔 인생의 바람은 빠르게 당신을 지나친다. 자, 우리 모두 성공의 바람개비가 무한대로 돌아갈 수 있도록 힘껏 앞으로 달려 나가자!

Chapter 2

국내 VIP 금융시장
특징 및 접근 방법

낙관적인 태도는
목표 달성에 필수불가결한 요소이며,
용기와 진정한 발전의 토대다.
_로이드 알렉산더

Chapter 2

Introduce

〈Chapter 1〉에서는 VIP시장 개척 영업에 대한 저자의 경험과 사례에 대한 이야기를 했다. 독자들 가운데는 열거한 사례들이 전부 개척 영업의 성공담이었기에 VIP 개척 영업은 마치 100%의 성공 확률을 가진 이제껏 없었던 스텔스 무기라고 착각할 수도 있겠다. 그러나 세상의 모든 이치가 그러하듯 3할 정도의 확률이면 Best인 것이다. 메이저 리그에서도 3할 정도면 주전 붙박이를 하는 데 문제없다. 그럼 나머지 7할은 스트라이크 아웃이 되거나 범타로 물러나 쓸쓸히 덕 아웃으로 걸어갈 것이다. 관중의 애증 어린 시선을 뒤로 한 채로….

금융 개척 영업도 마찬가지다. 10명의 가망 고객을 만나 3명을 자기고객으로 만들면 대단한 성공이다. 그렇지만 프로 컨설턴트가 되기 위해서는 이러한 확률을 높일 필요가 있다.

앞장에서는 주로 금융영업의 멘탈적인 면을 강조했다. 영업은 멘탈이 하고, 조직은 룰이 한다는 저자의 생각에는 변함이 없고 이것이 절반의 성공을 담보한다. 그렇지만 좀 더 연구하고 생각하면 확률을 높일 수가 있다. 그래서 〈Chapter 2〉에서는 VIP 마케팅의 이론적 면과 특징을 통해 부자들의 심리와 관심사에 대해 알아보고, 〈Chapter 3〉에서는 VIP 마케팅 확률을 높이기 위한 개인적 자질 향상 방안인 R.A.S.H.에 대해 이야기할 것이다.

현대는 선택과 집중의 시대이다. 무조건 멘탈만 가지고 해도 안 되는 것은 아니지만 〈Chapter 2, 3〉으로 무장하면 여러분은 아마 4할대를 기록하는 메이저 리그 전설의 타자가 될 수 있을 것이다.

VIP Market을 위한
VVIP Marketing

요즘 사회적으로 부자에 대한 관심이 날이 갈수록 높아져 가고 있다. 특히 그들의 소비패턴은 많은 산업부문에 선행, 파급효과로 진화되어 다양한 영향을 미친다.

요즘 경제·사회 현상을 설명할 때 '전체 결과의 80%가 전체 원인의 20%에서 발생한다'는 파레토 법칙이 종종 인용되고 있다. 이를 VIP 마케팅에 적용해 보면 오늘날 부자들의 자산 척도가 지속적으로 상승하고 있어, 고객층 상위 20%가 전체 수익의 80%를 차지한다는 이론이다. 더 나아가 요즈음에는 '뉴 파레토 법칙'이라 하여 5대 95의 법칙, 즉 상위 5%가 전체 95%의 수익과 맞먹는 형태를 보이고 있다. 이러한 부를 갖고 있는 쪽의 극단적 지배 현상은 금융업 분야에서 일하는 사람에게 아주 중요한 영업 포인트가 될 수 있다. 전 사회적으로 이러한 현상을 타깃으로 한 마케팅 전략이 많이 활용되고 있음을 우리 금융 컨설턴트들은 눈여겨보아야 할 것이다.

예를 들어 최근 이슈가 된 대한민국의 0.05%만이 발급받을 수 있는 H사의 "The Black Card"는 연회비가 200만 원으로 세계적인 디자이너 카림 라시드Karim Rashid가 디자인한 9,999장 한정의

VVIP 신용카드이다. 이 카드는 가입 인원이 한정되어 있어 대한민국의 '1만 명 이내 진짜 최고'만이 가입할 수 있다. 최소 가입기준만 봐도 보통 사람은 근접 자체가 불가능하다. 이 카드사 측은 가입 허가 회원을 연매출액 최소 1,000억 원 기업체 최고경영자CEO 및 부사장, 단과대학장, 장관급 공무원, 종합병원 원장, 법무법인의 파트너급 변호사, 초특급 연예인 이상 등으로 한정했다.

단순히 자산규모가 큰 부자들이 대상이 아니라, 사회적 명예와 지위를 지닌 선별된 1만 명만이 이 카드를 소유할 수 있다. 이 카드는 출시 초기만 해도 연회비 무료의 혜택을 강조하던 타 카드와 비교하여 비용대비 효과가 낮다며 카드의 마케팅 성공 여부는 큰 기대를 모으지 못했다.

그러나 카드 출시 후 가입의사를 보인 회원들은 대한민국 0.05%이기를 자처하며 200만 원의 연회비를 지불하면서 이 카드의 회원이 되었고 최상의 대우를 받고 있다. 또한, 현재에도 정식 회원이 되지 못한 사람들의 가입 문의가 꾸준히 빗발치고 있다고 한다. 다른 신용카드사들도 이제는 저마다 이 카드를 벤치마킹한 VVIP 전용 카드 경쟁에 뛰어들고 있다.

소득별로 나누는 단순한 마케팅 방식에서 벗어나 고객들의 취향이나 직업군에 따라 특별 관리해 주는 VVIP 마케팅 경쟁이 치열해지고 있는 것이다. 그래서 각 백화점 VIP를 위한 카드를 비롯하여 각 은행, 보험, 증권, 회사, 재화나 용역을 판매하는 곳에서는 VIP 마케팅을 뛰어넘은 VVIP 서비스가 나날이 발전하고 있는 것이다. 일반적으로 경기 침체나 경제 불황의 영향을 받지 않거나 훨씬 덜 받기 때문에 그만큼 상위 고소득층을 위한 시장은 마케팅 포인트에서 상당히 중요한 부분을 차지한다. 이 마케팅 포인트의 주요 고객인 VVIP들이 '슈퍼 파레토 법칙'을 창출하고 있는 것이다. 금융 컨설턴트 면에서도 이런 슈퍼 VIP고객에 타깃을 맞추어 한걸음씩 실력을 쌓아가는 방법만이 최정상에 설 수 있게 함은 자명한 사실이다.

상위 1%
소비자들을 위하여

이처럼 VIP 마케팅에 성공하기 위해서는 고객의 취향과 요구 Needs를 완벽히 파악한 전문적이고 정확한 지식이 필요하며, 고객한 분 한 분을 위한 긍정적이고 적극적인 태도와 품격 있는 행동을 통해 고객에게 정중한 서비스를 제공하는 것이 핵심이다. 시장의 무게중심이 고급 소비로 쏠리는 지금, 상위 1% 소비자들을 위한 스마트한 마케팅 전략이 절실하다.

20년 동안 VIP 마케팅을 해온 필자는 소수의 최상위층 고객에 집중하는 것이야말로 전체 매출과 수익성을 늘리는 데 가장 효과적인 방법이라고 생각한다. 10억 원 이상을 투자할 수 있는 VVIP 고객들은 맞춤형 자산컨설팅을 위해 고액 수수료도 기꺼이 지불하기 때문이다. 재산을 부모로부터 물려받아 큰 부자가 되는 사람도 아직 상당하지만, VVIP 고객층 중 성공적인 자산관리로 부를 유지한 사람들이 대다수이기 때문에 그것을 위한 대가를 지불하는 데 인색하지 않다.

이제는 철저한 투자 계획이나 자산 계획 없이 부를 창출하고 유지할 수 있는 시기는 지났다고 볼 수 있다. 앞으로는 자신의 자산 규모와 상황에 맞는 맞춤형 관리를 받아 부자가 될 수 있는 시간을 앞당겨야 하기에 특히 금융영업하는 사람들에게 이러한 VVIP시장은 금융 컨설턴트로서 롱런할 수 있는 기반을 다질 수 있다. 또한, 이들을 지속적으로 정성을 다하여 관리함으로써 장기 고객을 맞을 수 있으며 고소득을 창출하는 지름길이 되어 주기도 한다. 즉 VVIP시장에 어떻게 접근하느냐에 따라 승패 여부가 달려 있다고 해도 과언이 아니다.

그렇다면 진정한 의미의 VVIP시장은 무엇인가? 본격적으로 부자 시장에 진입하기에 앞서 이를 명확히 살펴보아야 할 필요성이 있다.

그들은 누구이며 무엇을 원하는가?
그들이 필요로 하는 것은 무엇인가?
그들은 어떠한 도움을 원하는가?
어떠한 방법으로 그들을 집중 공략할 것인가?

이를 완벽히 파악해 낼 수 있는 전문 금융 컨설턴트가 될 수 있도록 노력하자. 그렇다면 당신의 성공은 보장되어 있는 것이 틀림없다.

01
부자들의
현황

전 세계 백만장자
천만 명을 돌파하다

부자 하면 사람들은 흔히 '백만장자'를 일컫는다. 세계 경제는 수년 전 미국발 서브프라임 모기지 파문으로 홍역을 치렀지만 백만장자 숫자는 오히려 더 늘어나고 있다.

파이낸셜 타임지FT가 영국 부동산 전문 컨설팅업체 '나이트 프랭크'와, 미국 씨티 프라이빗 뱅킹PB 등과 함께 조사해 발표한 보고서에 따르면 현재 살고 있는 집을 제외한 순수자산이 100만 달러(약 10억 원)를 넘는 부자가 2009년에는 14% 증가하여 1천만 명을 넘어섰다고 한다. 과거 수년간 세계적인 경기침체에도 불구하고 전 세계 부자들의 숫자는 10~15%나 늘어난 것으로 나타난 것이다. 보스턴컨설팅그룹BCG이 발표한 2010년 〈전 세계 부 보고서〉에 따르면 지난해 유동자산 100만 달러 이상의 백만장자는 1천 120만 가구로 전년도보다 14% 정도 늘어났으며 특히 싱가포르가 35% 증가를 기록하는 등 아시아 지역이 괄목할 만한 성장세를 보인 것으로 나타났다. 게다가 백만장자 1인당 평균 순 자산은 지난해 처음으로 400만 달러를 넘어섰고, 이들의 자산을 모두 합친 금액도 40조 7,000억 달러로 전년보다 9.4%나 증가했다. 특히 자산 3천만 달러 이상의 'VVIP'가 8.8%(10만 3,320명)나 급증하였고 이들의 자산 규모 또한 14.5%나 불어난 것으로 집계됐다.

실제로 한국의 백만장자는 10만 명 이상이라고 보고되는데, 이들을 대상으로 활동하는 금융전문가들 사이에서는 실제로 5배 정도의 수치가 존재한다고 판단한다. 백만장자를 정의하는 기준은 현재 살고 있는 집을 제외한 순수자산이 백만 달러, 약 10억 원 이상의 현금을 가지고 있는 자산가이다. 2007년에는 800만 명으로 2006년에 대비하여 4.5% 늘어났고, 2008년에는 1천만 명으로 급상승했다. 2009년에는 미국 판 금융위기 때문에 일시적인 감소추세를 보여 15% 감소하기도 하였지만, 여전히 전 세계 백만장자 인구 수는 지속적으로 늘어가는 추세이다.

하지만 앞서 정의한 백만장자의 기준은 또 다른 개념을 지닐 수 있다. 한 신문사가 국내 대표 각 금융회사 PB$^{Private\ Banker}$들을 상대로 조사한 결과에 따르면 시중은행과 증권사들이 정의하는 거액자산가는 금융자산 10억 원, 부동산 20억 원을 가진 자들로, 일반 사람들이 일컫는 '백만 달러를 지닌 부자'라는 생각과 차이를 보였다. 서울 강남 등 부동산 시세가 높은 지역에 위치한 165 m²^{50평} 이상 아파트나 빌라에 거주하는 사람으로 그 기준이 모아졌다. 이들은 월 생활비 1,000만 원 정도, 승용차는 배기량 3,000CC 이상에 주 2회 이상 골프를 즐기며 고급 호텔이나 피트니스센터에 멤버십을 갖고 있는 사람들로 '백만장자' 즉, 100만 달러의 '현금'을 가진 사람들로 간주하였다.

그러나 필자가 VIP 영업을 하면서 만나 본 실제 부자들을 살펴본다면 (물론 부자 당사자의 기준은 일반화하기 어렵지만) 일반 사람들의 부자에 대한 기준을 2~10배 이상 뛰어넘는 부자 중의 부자는, 진짜 부에 대한 그들만의 기준을 갖고 있었다.

강남구 대치동 최고급 주상복합에 사는 보통 부자들은 중산층보다 약간 잘사는 정도의 부를 지닌 사람들이 사는 곳이라고 생각한다. 이러한 아파트와 같이 이미 이름이 잘 알려지고 유행하는 고급 아파트보다 진짜 부자 중의 부자는 독립적이고 조용하며 신변이 보장되는 100평 이상 되는 방배동 동강단지, 청담동 등에 위치한 고급빌라를 선호하기 때문이다. 이런 시각을 가진 총자산 1,000억 원대 이상의 자산가들이 제시하는 부자의 금융자산은 최소 100~200억 원으로 월 생활비가 2,000만 원 정도다. 생활비 전

액을 투자수익으로 감당하려면 약 100억 원이 필요한 것이다.

02
부자들의 분포도

이런 부자들은 과연 어디에 있을까? 수도권 내에서 집중적인 분포율을 보이는 강남권에는 VIP 고객만 약 9만 명이 있다.

압구정동은 '전통 부동산 부자', 삼성동에는 '주식·펀드 부자'가 많다는 게 업계 담당자들의 공통적인 생각이다. 강남도 동네마다 천차만별인데 압구정동에는 강남권 땅값 상승에 따른 고연령대의 전통적 부동산 부자들이, 삼성동에는 주식·펀드로 고수익을 얻은 전문직과 기업 최고경영자들의 비중이 높은 것으로 알려졌다. 또, 대치동에는 자수성가한 젊은 부자가 많이 산다고 한다. 이들은 같은 강남 부자라도 동네에 따라 자산비율과 투자성향에서 다른 선호도를 보인다.

과거 압구정동에는 대기업 임원 출신이나 전직 고위 관료 등이 많이 살고 있었다. 압구정동의 대표 부촌인 현대아파트의 경우 1970년대 처음 개발될 당시 고급 아파트로 상당한 인기를 끌었기 때문이다. 이 아파트는 강남 일대 아파트값 상승의 진원지이기도 하다. 거주자 혹은 소유자의 연령대도 높은 편으로 투자 성향이 극히 보수적이다. 은행 정기예금이나 채권 등이 인기 있는 투자 상품으로, 대부분 부동산으로 돈을 번 부자들이기에 관심과 선호도가 높아 전체 자산 중 부동산 비중이 절대적으로 높은 것으로 간주된다. 70~80대 노인층 고객도 적지 않아 이러한 고객들의 경우 자녀도 40~50대여서 가족이 함께 금융상품 고객센터를 직접 찾는 사례가 많다. 심지어 손자들을 데리고 금융 컨설턴트들의 상담을 받는 경우가 있는데 대를 이어서 고객이 될 수 있기 때문에 각 은행이나 증권사마다 압구정 부자를 잡기 위한 경쟁이 치열한 편이다. 이러한 압구정동 부자들의 주된 관심은 상속, 증여이다. 최근 들어 자녀 세대를 건너뛰고 바로 손자 세대에 재산을 물려주는 세대 생략 상속 및 증여도 종종 행해지고 있다.

테헤란로와 코엑스로 대표되는 삼성동에는 아무래도 변호사, 의사 등 전문직과 기업체 CEO가 거주하는 비중이 높다. 투자 성향은 압구정 부자와 비교하면 훨씬 공격적으로 안전자산보다는 주식이나 펀드 등 위험자산 선호도가 높다. 실제 주식에 투자해 큰돈을 번 부자들이 많기 때문이다. 이들은 씀씀이도 큰 편이라 사업체 경영이나 절세 전략 등에도 큰 관심을 보인다.

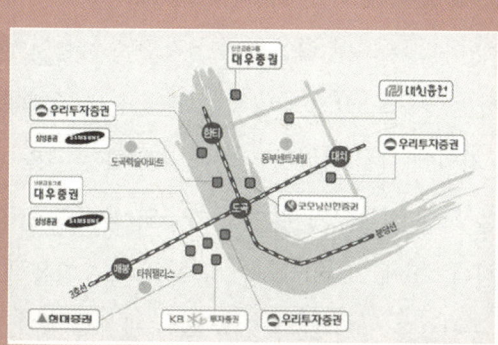

도곡동 VIP 금융기관

압구정동 VIP 금융기관

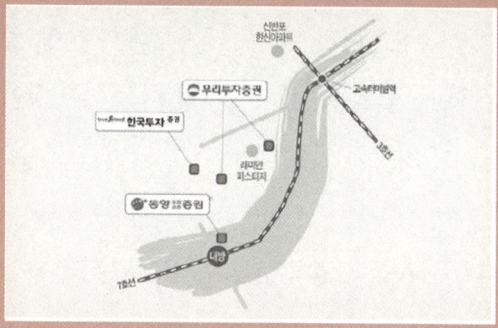

방배·반포 주변 VIP 금융기관

대치동은 우리나라 교육 1번지로 손꼽히는 곳이다. 자녀 교육을 위해 이주해 온 30~40대 젊은 자수성가형 부자들이 많아서 자기 집을 소유하는 경우도 있지만 대체로 고액 전세 주택에도 많이 거주한다. 이 지역에 사는 사람들은 자녀 교육에는 돈을 아끼지 않고 외국 유학을 보낸 학부모가 많아서 환율의 움직임에 촉각을 곤두세우기도 한다. 실제 2008년 세계 금융위기로 환율이 치솟을 때 이 지역을 중심으로 달러 보험 등의 붐이 생겨 전체적으로 판매가 호조를 보이기도 한 사례는 이 같은 사실을 여실히 증명해 준다.

또한, 강남권 중에서도 주로 도곡동 단지나 신흥 부촌으로 자리 잡은 반포, 방배동 등 일대 부자들이 운용하는 총자산 180조를 유치하기 위해서 여전히 각 은행, 증권, 보험사들은 치열한 각축전을 벌이고 있다. 부산의 경우에는 해운대 지역 센텀시티와 함께 최근 새롭게 조성되어 부산의 청담동이라 불리는 마린시티, 전통적 부자들이 많이 거주하는 남천동 일대가 있고, 이와 함께 울산과 창원 또한 서울 대도시 못지않게 알짜 부자들이 많이 거주한다고 한다. 이들을 고객으로 유치하기 위하여 금융업계의 은행, 증권, 보험사들은 이 지역에서 오늘도 치열한 경쟁을 하고 있는 것이다.

03

부자들의
투자 관심 분야

　　　　　　　　부자들은 대부분 주식·부동산·펀드·채권 등에 관심을 나타낸다. 실제로는 확정금리용 고금리 회사채나 단기 채권, 부동산 중에서는 상가, 오피스텔 등의 수익형 위주의 투자에 일단 관심을 두지만 과감한 투자는 그리 많지 않다. 이들의 포트폴리오는 평균 부동산 40% 내외, 정기예금 30% 내외, 주식 관련 상품 20% 내외의 기호를 보인다.

　다시 말하면 위험부담 상품인 주식관련 투자는 그다지 높은 비율을 보이지 않는 것이 첫 번째 특징이라고 할 수 있다. 여기서 간과하지 말아야 할 점은 VVIP 고객의 포트폴리오가 부자들의 정형화된 일반 양식은 아니란 것이다. 부자들은 그들 자신이 가장 선호도를 보이는 분야에 많은 자산을 소유하는 특징이 있다. 즉 전체 자산 중 부동산이 40%를 차지하는 사람은, 부동산에 가장 관심이 많으며 그만큼 노하우와 확신이 있다는 것을 설명하는 것이다.

부자들의 안전 자산
선호도 증가

주식·펀드 등의 위험 투자 자산에 대한 선호율이 상대적으로 낮고, 채권·부동산 등 장기성 보험 상품 관심도가 상대적으로 높은 것은 부자들이 과거로부터 지금까지 보여주는 일반적인 특징이다.

최근에는 주가의 변동성이 커지는 등 금융 시장이 불안해지고 노후에 대한 관심이 갈수록 증가하는 가운데, 부자들의 펀드에 대한 선호도는 대폭 줄어들고 있다. 반면 대체 투자로 월 지급식 펀드, 채권(브라질 채권 등)과 즉시 연금보험에 대한 선호도가 부상하는 등 부자들의 투자 성향이 좀 더 보수적인 면을 보이기도 한다. 물론 일부 젊은 부자계층은 랩과 헤지펀드를 통해 더 공격적인 투자를 하는 것도 사실이다.

통계에 의하면 부자들이 재무 설계를 받고 싶어 하는 관심분야는 상속·증여가 30%로 가장 많았고 이어 금융투자(28%), 부동산 투자(13%), 부동산 세금 및 정책(12%), 종합소득세(8%), 법인세금(4%), 기타(5%) 순이었다.

부자들 사이에서는 보유 자산이 늘어날수록 상속·증여, 종합소득세 등 '세금문제'에 민감해질 수 있다. 자산규모가 클수록 세금의 금액도 수억 원대로 치달을 수 있기 때문이다. 30억 이상 자산가는 관심사가 상속·증여(40%), 금융투자(20%), 부동산 세금 및 정책(12%) 순서지만 30억 원 미만 자산가는 금융투자(32%), 상속·증여(24%), 부동산 투자(15%) 순으로 양상이 다르다. 투자 성향의 보수화 양상은 자산 규모에 따라 다른 양상을 보이기 때문이다. 30억 원 미만 순자산 고객들의 위험 금융상품 투자 선호도는 계속 증가하여 펀드의 대안으로 랩, 헤지펀드 등을 선호한다. 반면, 순자산 규모 30억 원 이상 고객들의 경우 국내외 펀드수요는 감소하고 보험 선호도는 상대적으로 높아지며, 예금·적금 대신 ELS 등 원금보장형 파생상품, 월지급식 펀드 등의 선호도도 높아진다. 이는 자산이 많을수록 현 자산의 유지와 안정적인 상품에 대한 관심이 많고 자산이 적으면 이를 불리는 데 관심이 크기 때문이다.

최근
VIP Market Trend

한국의 경우 대부분 부유층이 부동산을 통해 부를 축적했다. 그러나 금융위기 이후 자산 버블이 붕괴하면서 더 이상 부동산만으로는 자산을 불리기 어려워졌다. 부유층의 재테크 주제가 부동산

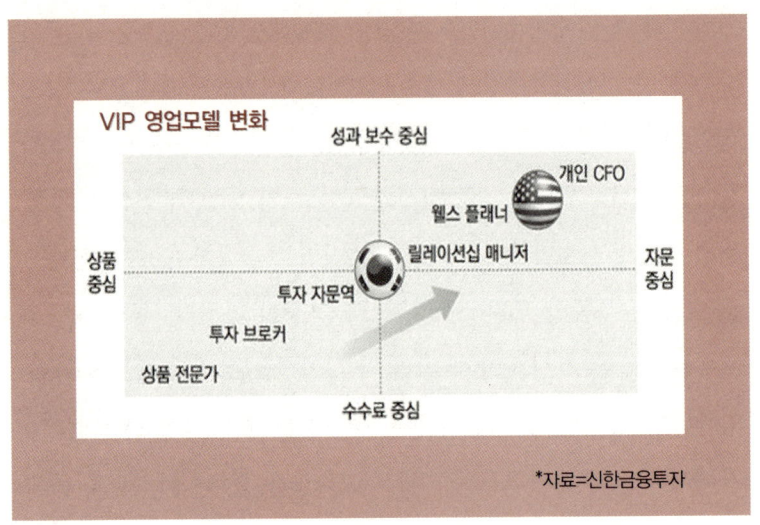
*자료=신한금융투자

일변도에서 주식, 원자재, 각종 파생상품 등으로 확장된 것이다. 개인 발품이나 인적 네트워크를 통해서 핵심 정보 접근이 가능했던 부동산과 달리 지금의 금융상품들은 전문가 조언이 필수적인 시대가 되었다. 즉 과거 부자들은 정기예금 금리 정도만 알면 됐지만, 지금은 금융상품에 대한 이해 없이는 부의 확대와 재생산이 어려운 시기이다. 다가올 VIP시장을 한마디로 정의하면 금융자산관리 컨설팅 시장이라고 정의할 수 있겠다.

 VIP 금융 컨설턴트의 역할은 크게 핵심 서비스와 부가서비스로 구분된다. 핵심은 금융자산관리 컨설팅이고 부가서비스는 세금·부동산·상속·증여 등 개인 재무 상황 전반에 대한 포괄적 서비스를 포함한다는 것이다. 그래서 최근 고액자산가들의 요구는 부가서비스에서 핵심인 금융자산관리 서비스로 이동하고 있으며 주 무대가 은행에서 증권사 쪽으로 이동하는 것도 이 같은 이유 때문이다. 그러므로 전문가들은 자체적으로 다양한 금융상품과 리서치 센터 등 지원 조직을 갖춘 증권사가 핵심 금융 서비스 역량에서 은행보다 비교 우위에 있다고 보고 있다.

과거에는 고액자산 고객이 선택할 수 있는 간접투자 상품은 일부 사모펀드를 제외하면 공모펀드나 채권 등으로 한정돼 있었다. 하지만 최근에는 다양한 상품 라인업이 갖춰지면서 전문가의 도움이 절실해졌다. 좀 더 직접적인 조언과 빠른 포트폴리오 대응이 가능하다면 더 많은 수수료를 지급하겠다는 고객층이 두터워진 것이다. 이것이 현상적으로 나타난 게 최근 자문형 랩과 헤지펀드 돌풍이다.

요즘 VIP마케팅의 새로운 메카로 등장하고 있는 강남파이낸스센터에 입주하고 있는 모 증권사의 경우 전체 고객 자산을 100으로 봤을 때 주식 투자 금액이 약 45%로 가장 많다고 한다. 이 중 랩어카운트(종합자산관리) 비중이 20%로 가장 크고, 펀드(15%), 직접 종목투자(10%) 순이다. 나머지는 채권(25%), 주가연계증권ELS 등 대안투자(20%), 예금 등 현금성 자산이 10% 정도 된다. 펀드에는 헤지펀드를 비롯한 사모펀드가 상담 금액 포함돼 있다고 한다.

펀드의 경우 증권사는 높은 수익률을 보이는 운용사 펀드를 단순 판매하는 역할에 그친다. 많은 리테일 고객을 확보한 은행에 증권사가 뒤질 수밖에 없는 구조다. 그러나 개인 단위 자문을 특징으로 하는 자문형 랩은 PB의 조언이 절대적이다. 단순 채널 역할을 넘어 증권사가 주도적으로 자산을 시장에 할당하는 역할을 하게 되는 것이다. 현재는 증권사들의 공격적 행보에 지난 10년간 VIP 금융 산업을 주도했던 은행권은 긴장하는 분위기가 역력하다.

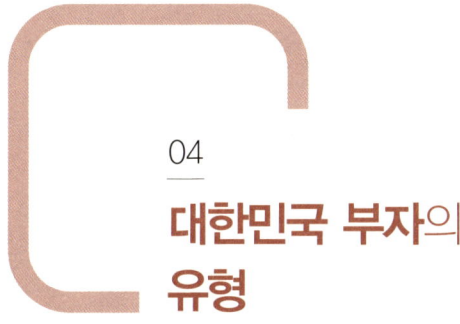

04
대한민국 부자의 유형

필자가 20여 년 동안 VIP를 대상으로 금융영업을 하면서 경험과 노하우를 통해 부자들의 유형을 나름대로 분류해 보았다. 부자들은 자산을 어떻게 형성했느냐에 따라 '자수성가형 [A형]', '고소득 전문가형 [B형]' 그리고 'VVIP형 [C형]'으로 나눠볼 수 있는데, 이 중 A형 부자 구성 비율이 가장 높았다.

● A형 부자 : 자수성가형

A형으로 분류한 자수성가형 부자는 상업, 부동산, 가내 수공업, 고소득 자영업, 중소기업 창업 등으로 개인 사업에 성공하여 부를 축적한 이들로 일명 짠돌이 부자들이라고 할 수 있다. 대부분 어렵

A형	B형	C형
■ 자수성가형	■ 고소득 전문가형	■ VVIP형
상업	전문직	상속받은 전문직
부동산	의사	종합병원 원장
가내 수공업	변호사	중견기업 CEO
고소득 자영업	변리사	
중소기업형	대기업 임원	

게 바닥부터 시작하여 일정 수준에 오른 사람들이 많기 때문에 TAKE & GIVE(먼저 이득을 생각하고 그 이후 행동하는 패턴)를 좋아한다. 물론 사람마다 다르겠지만, 이득이 있고 실리가 있어야만 자신의 것을 내어놓는 심리가 강하여 타인 혹은 낯선 사람이나 사물에 경계심이 많은 것 또한 사실이다.

그러나 이러한 부자 집단은 주위에 널리 볼 수 있는 친밀도가 높은 부자 형태에 속하기 때문에 접근에 용이성이 있어 개척 영업을 통해서 충분히 만날 수 있다. 또한, PB센터와 같은 영업점을 방문해 궁금한 사항들을 직접 상담을 요청하며 자문하는 경우도 많다. 그러므로 이들을 효율적으로 관리를 잘한다면 그들로 인한 가망 VIP 고객을 유치할 기회를 마련할 수도 있을 것이다. 명심하자, A형 고객군에서는 상대의 이득을 항상 먼저 고려하고 암시해 주면 성공 확률이 높다는 것을.

●B형 부자 : 고소득 전문가형

B형으로 분류한 고소득 전문가형은 금융 그룹 전문직, 의사, 변호사, 변리사, 대기업 임원 등이 속한다. 이들은 VIP 마케팅의 메인 타깃이지만 이러한 부자 군은 주위에 넓은 인맥 때문에 이미 각 분야의 전문가들과 항시 교류하며 친밀한 관계를 유지하고 있는 경우가 많다. 이들을 당신의 고객으로 유치하기 위해서 남들보다 차별화된 서비스 방법을 통해야만 그 성과를 달성할 수 있다. 필자가 개척 영업을 통해서 이 집단을 처음 경험했을 때에는 이미 금융 영업에 종사하는 동업종의 명함을 평균 10장 이상 가지고 있는 것이 당연했다. 그러나 먼저 좌절하기보다 고객의 마음을 사로잡을 방법을 찾거나 당신 스스로 만들어 나가야 한다. 즉 B형 고객군에서는 당신만의 차별화되고 개인의 특화된 우대 서비스로 섬세하고 정성스럽게 접근하는 것이 성공 확률을 높이는 것이다.

●C형 부자 : VVIP형

다음은 앞에서 언급했듯 C형으로 분류한 부자인 슈퍼 리치 즉, VVIP들이다. 이 사람들이야말로 일반 파레토 법칙이 아닌 '슈퍼 파레토 법칙'을 창출하는 부자들이다. 거액의 상속을 받는 전문직

종사자, 단순히 의사가 아닌 수십 명의 의사를 거느리는 종합병원 원장 또는 중견기업 CEO 등이 여기에 속하며 이런 집단군은 금융자산만 100억 원, 부동산 자산 100억 원 이상으로 진정한 의미의 VIP시장의 주인공들이라고 할 수 있다. 즉 이 집단이 진정한 VIP 마케팅에 있어 핵심 타깃Core Target인 것이다. 이러한 부자집단은 재산을 늘리거나, 키우고, 확장하는 것보다는 부를 유지하고 이전시키는 데 관심이 많다. 즉 상속, 증여 혹은 절세 방안에 많은 관심을 나타내는 부자 집단군인 것이다.

그리고 이러한 C형 부자 고객군부터는 부자의 사회학적 책임(노블레스 오블리주Noblesse oblige)에 대한 관심을 많이 보이기 시작한다. 일반적으로 대한민국 사회에서 '부자'라고 하면 색안경을 끼고 이들을 보는 경우가 종종 있다. 일례로 필자가 만난 고객 중 한 분은 강남구 대치동의 대표적인 고급아파트인 타워팰리스에 사는 여성이다. 이 여성 고객은 늦은 시각에 택시를 타는 경우 거주하는 아파트 바로 앞에 세워 달라고 하지 않는다고 한다. 웬만하면 아파트 명을 대지 않고 그 옆 건물 앞에 세워달라고 하여 걸어간다고 한다. 왜냐하면 이 아파트에 산다고 하면 택시 기사분이 복선의 시선으로 곁을 훑으며 지나친 관심으로 일일이 캐묻기 때문이라고 한다. 이러한 불편한 시선은 부러움과 관심의 표시일 수도 있지만, 시기 질투의 시선을 숨기지 못하는 것도 사실이다. 그렇기 때문에 택시를 탈 때마다 맞은편에 내려 걸어서 들어가는 것이 오히려 더 편하다고 한다. 이것이 대한민국 사회에서 부자를 보는 이율배반적인 시각이다.

　이러한 경우의 수도 많이 존재하므로 C형 부자집단은 스스로 부자라고 인식되기를 꺼려 접근하는 것이 비교적 쉽지 않다. 또한 개인의 프라이버시를 중요시하며 폐쇄성을 보이는 C형 부자집단은 여유와 세련미를 추구하고, 혼잡이나 번거로움을 싫어하는 특징이 있어 사람이 많이 모이는 곳을 선호하지 않기 때문에 회원만이 이용하는 전용시설을 즐기는 등 자신만의 집, 혹은 그들만으로 구성된 집단 속에 있기를 자처한다. 이처럼 접근의 비용이성이 C형 부자집단의 가장 큰 특징인데 특히 영업 관련 일을 하는 이들을 적대시하는 경향이 있으므로 접근 자체가 불가능한 일이 허다하다.
　필자도 건물 입구부터 경비의 제재를 받은 적이 수도 없이 많았다. 그러므로 이러한 특성을 가진 고객이나 기업은 시행착오를 견뎌낼 것을 미리 각오하여야 한다. 여러 번 부딪치며 한껏 더 치밀하고 전문적인 전략과 정성어린 태도로 그들의 성향을 파악하며 접근해야 할 것이다. 금융 컨설턴트들은 이러한 C형 부자군은 약간의 추가 금리나 조그마한 이익보다는 신뢰와 관계를 중요시한다는 것을, 그리고 첫 거래는 힘들고 어렵지만, 한번 거래가 성사되면 여러 분야로 파생되어 지속적으로 오래갈 수 있는 VIP 금융영업의 Core-Target이라는 것을 명심해야 할 것이다.

노블레스 오블리주?
– 부자에 대한 중용적 시각

우리나라 부자들과 서양 부자들의 공통점과 차이점은 무엇일까? 공통점은 돈이 일반인보다 많다는 것이고, 차이점은 아마 성숙한 시민의식의 깊이일 것이다.

기원전 753년, 로마 건국 이후 정치의 중심은 귀족들로 구성된 원로원에 있었다. 로마를 건국한 로물루스와 그가 소집한 100명의 장로가 왕과 집정관을 배출하는 국가지도층이 되었다. 건국 당시 로마 사회지도층인 원로원 의원 100명을 구성했던 로마의 전통 깊은 귀족층은 500년 뒤에 그 숫자가 20% 이하로 줄게 된다. 그 이유는 전쟁이 일어나면 평민이나 군사보다 지도층이 가장 먼저 무기를 들고 나가 앞장서 싸웠기 때문에 그 희생으로 인한 죽음으로 숫자가 급격히 줄어든 것이다.

그 후 400여 년이 지나 기원전 367년에는 국가 요직이 평민에게도 개방되어 역량이 뛰어난 사람이라면 누구나 국가지도자가 될 수 있는 체제로 바뀌게 되었다. 하지만 귀족들이 전통적으로 쌓아왔던 노블레스 오블리주의 가치는 평민층에게도 이어져 내려오게 되어 바로 이것이 로마를 강하게 유지한 핵심적 가치가 되었다고 한다.

이것과 대비하여 요즘 신문지상에 심심치 않게 등장하는 대한민국 지도층인사의 각종 비리사건은 많은 것을 생각하게 한다.

사람은 누구나 부자가 되기를 꿈꾸고 갈망하지만 부자가 되면 시기와 질투, 곁눈질을 받는 것이 현실이다. 이것은 한국의 부자들이 진정한 노블레스 오블리주를 실행하지 못하는 데 그 원인의 일부를 찾을 수도 있다. 로마의 하비우스 가문은 전쟁이 났을 때 가문의 적장자를 빼놓고 전원 참여하여 조국 로마를 위하여 장렬히 싸우다가 모든 가문의 구성원들이 전사하였다고 한다. 혈통과 실력을 기준으로 구성된 로마의 지도자층은 공동체를 위해 자신의 목숨과 재산을 바치는 희생정신 또한 출중했기에 리더십을 확보할 수 있었던 것이다. 그런 가문을 어느 누가 존경하지 않을 수 있겠는가? 또한 귀족과 왕족들은 호화로운 생활만 한다고 여기는 일반 사람들의 생각과는 달리 영국의 해리 황태자는 아프간 전쟁에도 참전하였다. 이것이야말로 사회지도층이 선보이는 진정한 의미의 노블레스 오블리주인 것이다.

위에 언급했듯이 부자에 대한 우리나라 사람들의 이율배반적인 시각의 일부분도 이런 곳에서 기인한다고 생각한다. 병역기피, 탈세, 검은돈, 부정부패…. 높은 지위에 속한 사람들이나 부자들이 이런 검은 거래에 많이 연루되어 있는 것이 적나라하게 보이는 대한민국 사회에서는 서양 부자들이 추구하는 노블레스 오블리주의 모습이 너무나도 거리가 멀어 보이기도 한다.

그러나 희망적인 사실은 젊은 부자군 중심으로 우리나라 부자들도 점차 노블레스 오블리주에 관심을 더 많이 두고 있으며 자발적인 선행이나 봉사 활동 등을 할 뿐만 아니라 자신의 자산을 사회에 환원하려 한다는 점이다. 그러니 편협한 시각으로 부자를 오해하고 불신하여 모든 분야에 괴리가 존재하고 있는 것처럼 보는 것은 전혀 도움이 되지 않는다. 특히 VIP시장 금융 컨설턴트들은 부자에 대한 중용적인 시각이 더욱더 필요하다. 부자를 부정적인 시선으로 보는 사람은 절대로 부자를 고객으로 만들 수 없을 뿐 아니라, 자신도 평생 부자가 될 수 없을 것이다. 어차피 자본주의가 발달하면 할수록 사회적 구조는 모든 분야에서 더욱 분단된 구조 형태를 띨 것이고, 금융 컨설턴트들은 계속되는 양극화의 진행을 긍정의 시선으로 이해해야 한다.

행복한 사람은 누구인가?
– 부자와 심리적 동감

한국갤럽, 글로벌 마켓 인 사이트가 전 세계 10개 나라 5,000여 명을 조사한 행복 여론조사에서 한국인의 물질을 향한 집착과 이중 잣대가 확연하게 드러났다. 이 조사에서 돈에 대한 불만은 삶의 불만족과 명확한 상관관계를 보였고, 행복하지 않다고 답한 사람 중엔 행복을 위해 돈이 필요하다는 이들이 압도적으로 많았다고 한다. 그러나 우리나라의 조사결과는 다른 나라에 비해 부자에 대한 불만이 지나치게 컸다고 한다. 너무나도 안타까운 현실을 고스란히 보여 주는 결과가 아닐 수 없다.

조사 결과에 따르면 92%가 행복은 돈과 관계있다고 대답했으며 물질에 대한 집착도 한국이 10개국 중 1위로 나타났다. 50% 이상이 부자는 나쁜 짓을 해서 된 것이라는 인식을 갖고 있어 부자에 대한 인식이 10개국 중 최악으로 나타났다. 일반인들의 부자에 대한 인식은 남을 짓밟고 이겨내어 부를 차지한 것이라는 인식과, 끊임없이 물질적·심리적으로 부자와 재산을 비교하면서 행복과 오히려 멀어지고 있으며 부자를 향한 부정적인 인식이 깊게 박혀 있는 것이다. 열심히 일해서 돈을 모았다는 답은 34.5%(전체 평균 51.3%)인데, 부자가 자신의 재산으로 사회에 공헌한다는 답은 9.5%(평균 17.8%)밖에 되지 않았다. 부자들의 기부 문화가 확립된 미국에서는 28.4%가 부자는 사회에 공헌하는 사람이라고 인식하는 것과 상당히 비교되는 수치이다. 반면에 한국인은 부자가 돈이 많은 이유가 부모의 덕이거나(66.4%) 부정부패와 권모술수를 동원했기 때문(57.6%)이라고 생각했다. 왜 특히나 우리나라 조사결과에서 부자를 향한 부정적인 인식이 극적으로 나타나는 것일까?

'세상에서 가장 행복한 사람은 누구인가?'를 주제로 한 조사결과, 우리나라에서는 빌 게이츠가 압도적인 지지를 받았다. 그러나 같은 질문을 덴마크에서는 달라이라마가, 브라질에서는 나 자신이라는 대답이 대부분이었다고 한다. 우리나라 사람들은 대부분 세계 제1의 부자라고 불리는 빌 게이츠와 같이 경제력과 물질적인 만족을 행복의 가장 큰 요소라고 생각하는 것이다. 그러나 한국인은 돈이 있어야 행복하다고 믿지만 정작 많은 돈을 가진 부자를 좋아하느냐고 물으면 삐딱하게 대답한다고 한다. 부모 덕을 보고 부자가 된 것이라는 못마땅한 시선이나 부정부패의 결과물로 치부하기 일쑤이다. 돈은 좋아하면서도 부자는 싫어하는 등 재물에 대해 이중적 태도를 취하는 이유는 뭘까.

이는 우리나라 사람이 질투심이 강하거나 만족성이 좋지 않아서가 아니다. 우리나라는 급격한 경제 성장을 겪으면서 치열한 경쟁과 소득 불평등에 노출될 수밖에 없었다. 또한 어떤 이는 그 와중에 부정한 방법이나 운 때문에 성공을 하기도 했을 것이다. 이러한 사회 현상은 타인의 성취에 대한 낮은 승복감으로 나타나는 것으로 해석할 수도 있다.

중요한 것은 우리나라에 보편적인 부자에 대한 이중적 사고인식을 대한민국 부자들은 더 잘 알고 있다는 것이다. 그렇기 때문에 잘 나서지 않고 많은 분야에서 보수적인 성향을 보이는 경향이 많다. 그러므로 VIP 금융 컨설턴트는 이러한 부자들의 심리를 잘 읽어야 VIP 마케팅에서 성공할 수 있다. 서로 소통하고 심리적 동감을 갖는 것은 많은 금융지식을 전달하는 것이나 조금의 재무적 이익을 주는 것보다 더 중요한 VIP 마케팅의 성공 요소인 것이다.

05
VIP Market의 특징

소수의 핵심 권력 집단이기를 자처하며
패밀리 의식이 강하다

부자들은 결혼, 모임, 운동, 재테크 관련 행사 등 모두 조직 내에서 선택된 사람들로만 이루어졌다는 것에 대해 강한 집단의식을 갖고 있다. 그래서 조직 내 파워와 응집력을 발휘하여 특별한 서비스를 원하며 다수를 만족시키기 위한 패키지 형태로 만들어 일괄적인 관리를 받는 것을 절대적으로 싫어하는 경향을 보인다.

미국의 부동산 재벌 도널드 트럼프Donald John Trump가 지금의 자리에 있기 전인 젊은 시절에 뉴욕 맨해튼의 최고급 멤버십 클럽에 들어가기 위해 엄청나게 노력했다. 그는 몇 번이나 클럽 이사장을 찾아가고, 마시지도 못하는 술을 매일 마시며 '술친구'가 되어 주면서까지 친분을 쌓으려 했다는 것은 아주 유명한 일화이다. 또한, 빌 클린턴Bill Clinton 미국 전 대통령은 미국에서 가장 영향력 있는 정치가, 지식인, 저널리스트들이 총 집결한 멤버십 클럽인 '르네상스 그룹'의 회원으로 10여 년째 활동하고 있다고 한다. 이들은 이 같은 멤버십 클럽에서 맺은 네트워크를 기반으로 재력과 지적 능력, 경제 수준, 취향과 가치관이 비슷한 이들끼리 모여 일종의 사회적 커뮤니티를 형성한다. 클럽 안에서 문화와 예술을 향유하고 정치·권력의 중심에서 자신의 사회적 위치와 감각을 드러내며 서로의 발전을 도모하며 나아가 비즈니스 교류까지 이끌어 낸다.

이러한 최고 상류층을 위한 고품격 멤버십 클럽은 이미 국내에서도 고급스러운 이미지의 라이프 스타일을 공유하고 성공 노하우도 나눌 수 있는 대표적인 상류층의 사회적 네트워크로 자리 잡았다. 일반인들과 차별화되고자 하는 욕구를 충족시켜 주어 문화, 스포츠, 자선, 봉사 등 가족과 동류 집단을 중심으로 다양한 문화를 공유할 수 있는 장소도 되어 준다.

최근에는 삼성전자 이재용 사장이 세계에서 가장 오래된 명문 골프클럽인 왕립 골프협회(R&A; Royal & Ancient Golf Club of St. Andrews)의 세 번째 한국인 정회원에 가입했다고 한다. R&A는 지난 1754년 출범해 257년의 역사를 갖고 있는 영국 왕립 골프 협회로, 미국 골프협회USGA와 함께 규칙을 관장하는 공식 기구로 골프의 국제올림픽위원회IOC라 할 수 있다. R&A 회원이 되려면 사회적인 지위와 명예를 갖추어야 함은 물론이고, 세계 골프 발전에 크게 기여할 수 있어야 하며 가입 희망자는 기존 회원으로부터 두 차례에 걸쳐 추천을 받아야만 지원할 수 있다고 한다. 종신 회원제로 이루어지는 이 클럽은 현재 1,000명 선의 엄선된 사람들이 가입되어 있다. 영국 여왕 엘리자베스 2세의 차남인 앤드루 왕자 또한 이 클럽의 회원으로 활동하고 있다고 한다. R&A는 세계의 명 코스로 손꼽히는 골프의 발상지인 세인트앤드루스 올드 코스를 홈 코스로 쓰는 명예클럽으로, 이곳에서 회원들과 수년간 교분을 가져야 하며 기존 회원들과 라운드를 하면서 골프의 매너와 룰에 대한 지식 등을 평가받는 '실전 테스트'도 통과해야 하는 고급 골프문화 중의 최고급 클럽으로 인정받고 있다.

이처럼 이 클럽은 VVIP 중에서도 Double VVIP들이 누리는 최고급 문화인 것이다. 이런 사례를 통해 부자들은 그들만의 세계를 만들어 그들의 집단의식을 맘껏 누리길 원한다는 것을 알 수 있다.

개인의 프라이버시를 상당히 중시하고
만인에게 노출되기를 꺼린다

일반인 혹은 상류층의 쇼핑센터는 단연 고급스러운 실내장식을 자랑하는 백화점이다. VVIP들 또한 백화점에 마련된 Personal

Lounge에서 개인 스타일리스트와 쇼퍼를 고용하여 더욱 특성화된 서비스를 누리기도 한다. 백화점 안에서 지출하고 얻은 마일리지로 그들만의 우대 혜택 또한 최고급으로 누릴 수 있기 때문이다. 그러나 이들 중에서도 상위 0.01%는 남들의 시선을 받고 북적이는 백화점과 달리 한적한 공간인 그들만의 아늑한 쇼핑을 위해 호텔로 간다고 한다. 백화점과 비교하여 쇼핑을 위한 브랜드나 상품의 개수가 훨씬 적은 호텔로 그들은 왜 발걸음을 돌리는 것일까?

요즈음에는 서울의 특급호텔 지하 1층에 마련된 명품 숍들의 아케이드가 큰손들의 쇼핑 공간으로 주목받고 있다고 한다. 백화점 명품관보다 드나드는 사람이 훨씬 적기 때문에 유력 기업 오너와 정치인 등 주변의 시선을 의식할 수밖에 없는 VVIP들이 마음 편하게 쇼핑할 수 있는 장소를 마련해주기 때문이다. 이러한 호텔 내 쇼핑 아케이드는 대한민국 0.01%가 쇼핑하는 공간이다 보니 초고가 명품이 아니면 명함도 내밀기 어렵다고 한다. 똑같은 핸드백을 백화점에서 구입하면 100만 원 안팎의 상품권을 공짜로 받을 수 있을 것이다. 그러나 이곳을 찾는 고객들은 남의 눈에 띄지 않는 곳에서 편하게 쇼핑하기 위해 호텔로 온 것이기 때문에 추가로 주는 상품권에 별로 개의치 않는다고 한다.

오후 2시쯤의 명품 숍 아케이드는 썰렁하기 그지없다. 어느 매장을 둘러봐도 한산하기는 마찬가지지만 이미 각 매장들은 VVIP로 이루어진 50여 명의 단골고객을 확보한 데다 한번에 3~4벌을 사가는 고객도 있기 때문에 높은 임대료를 내고도 이윤이 남는다고 한다. 부자들이 더 공짜를 좋아한다고 하지만 이 같은 부자집단은 진정한 부자 중의 부자, 즉 VVIP의 소비 형태를 보인다.

차별화된 자기실현의 욕구가 강하여
자신을 위한 투자를 아끼지 않는다

부자들은 비싼 것보단 좋은 물건을 구입하는 경향을 보인다. 부자들에게 고가의 제품이란, 부를 과시하기 위한 액세서리나 사치가 아닌 좋은 물건을 구매하는 방법이다. 그래서 품질이 검증된 물건 그대로의 가치를 인정할 줄 알며, 고가일지라도 흔쾌히 그 제품의 가격을 지불하며 상품을 구입하는 것이다. 부자들이 명품을 선호하는 것 또한 같은 맥락으로, 질 좋은 가죽을 이용하여 오랜 내공을 쌓은 장인들이 정성껏 제작한 명품이, 쉽게 훼손되지 않고 대를 거듭하기도 하며 오래 쓸 수 있기 때문이다. 특별한 날에 겨우 명품을 선물로 받거나 수 개월 할부로 사는 일반 사람들의 소비 형태와는 확연히 다른, 명품 그 자체의 품위를 인정하는 것이다.

이들은 또한 여러 가지 물건을 사기보다는 그들의 취향에 꼭 맞는 물건 2~3가지만 구매한다고 한다. 구매하는 물건도 식품이나 생활필수품이 아닌 자신을 차별화하고 나타낼 수 있는 개성형 상품이다.

인간의 욕구 변화를 피라미드 형태로 나타낸 심리학자 매슬로

Maslow에 의하면 인간의 욕구는 다섯 가지 단계로 나뉜다. 생리적 욕구, 안전 욕구, 애정 욕구, 존경 욕구, 자기실현 욕구로 구분된다고 한다. 일반인들은 필요와 욕구를 채우기 위해 상품을 구매한다. 이는 필요의 정도, 소득, 기존 상품에 대한 경험과 생활양식에 따라 아래쪽에서 위쪽으로 채워지며 단계적으로 상승작용을 하기 때문이다. 부자들은 하위 욕구가 충족된 상태이기 때문에 차별화와 자기실현 욕구가 강하며 생리적 욕구, 안전 욕구, 애정 욕구보다는 대외적인 가치를 중시하는 소비 성향을 갖고 있다. 부자들은 상위 단계의 욕구를 더욱 중요하게 여기는 것이다.

따라서 부자들은 일반인들보다 신중하지만 확실한 마음이 생기면 투자를 아끼지 않는다. 자신들의 생활방식과 사고방식이 그대로 구매 욕구에 반영되어 있어 금액이나 단위를 떠나서 소비할 때 일정한 기준을 세우고 그 기준에 맞는 선택을 하는 것을 알 수 있다. 그러므로 이들을 상대로 금융 컨설턴트로서 상품가입을 유도한다면 무조건 상품의 이점만을 설명하거나 가입 의무의 부담감을 주어서는 안 된다. 그보다는 그들에게 정확한 정보를 전달하고 그들이 구매의 필요성을 느끼도록 설득해야 더 좋은 반응을 보일 것이다. 이러한 설득방법에 성공한다면 부자들은 흔쾌히 자신을 위한 투자 의사를 밝힐 것이다.

자녀 교육에 **관심이 많다**

부자들은 특히 자녀들의 교육방식이나 병역, 유학 또는 결혼문제를 비슷한 계층 구도 안에서 해결하려 하고 다른 VVIP들은 어떻게 하는지에 대한 정보를 공유하고 싶어 하며 관심도가 높다. 또한, 외국의 선진 문화 사례는 어떠한지를 공부하려는 관심을 보이기도 한다. 이에 따라 외국으로 자녀들을 유학시키는 조기 교육 사례가 많다. 선진 문물을 받아들이고 이를 지향하며 좀 더 나은 교육문화에 귀를 기울이고 있기 때문에 항상 트렌드에 발 빠르게 행동하기를 원한다.

합리적 개인주의를 지향하므로
해외문화 수용도가 높다

부자들은 외국으로 출장을 떠나거나 자주 여행을 다니는 경우가 많다. 또한, 자녀를 해외로 유학을 보내는 비율이 높기 때문에 그곳에서 생활하며 얻은 서구의 개방적인 문화로 글로벌화된 생활과 마인드를 즐긴다. 개인의 합리적인 생활을 추구하며 쉽게 남들과 타협하지 않기에 합리적 개인주의는 한국처럼 집단 단체 문화가 강한 사회에서 외골수의 면모를 보이는 이기주의로 비춰질 수 있다.

그러나 이 같은 합리적 개인주의는 타 집단에 대한 배려나 타협을 쉽게 하지 않지만, 부자들의 입장에서 본다면 타인에게 해를 끼치지 않는 범위 내에서 자신만의 인생의 실속 있는 목적을 향한 로드맵을 효과적으로 나아갈 수 있는 마인드가 될 수도 있다. 그러므로 부자들은 서구의 합리적 개인주의 성향을 가진 이들이 많다는 것이다.

부를 유지하는 것에
항상 관심을 둔다

일반 부자가 되기 위해 '어떻게 하면 자산을 불릴 수 있을까?' 등의 단기 고수익 창출 수단에 관심이 많은 것은 당연지사일 것이다. 그러나 VVIP들 역시 부를 더욱 증식시키는 것을 마다할 리는 없지만, 상대적으로 현재에 지니고 있는 부를 안전하게 지키고, 더욱 절세하여 이전시키기 위한 상속·증여 및 절세 방안에 더욱 관심이 많은 것이 사실이다. 이들의 자산 포트폴리오에서 주식투자와 같은 위험도가 높은 직접투자에 선호하지 않는 것이 공통적인 특징으로 나타난다. 왜냐하면, 이들은 단기 고수익 창출 수단인 주식, 파생상품을 맹신하지 않기 때문이다.

어느 날 주식을 싼 가격에 사고 일시적으로 상승세를 탔을 시 고가에 팔아 수익을 남겨 하루아침에 주식투자로 돈방석에 앉는 게

가능할까? 지속적으로 1년, 10년, 30년 동안 이런 행운이 지속될 수 있을까? 이 말이 말처럼 쉽다면 이는 세상에서 제일 편하게 돈을 많이 벌 수 있는 일이자 직업이 될 것이며 모든 사람이 주식으로 다 부자가 될 수 있을 것이다. 그렇다면 어떤 이가 힘든 일을 하려 할까? 결국, 이 세상에 모든 직업은 없어질 것이며 노동은 종말을 맞이할 것이다. 누가 힘든 직업에 종사하려 하겠는가? 누구나 주식을 매매하며 지속적으로 마련되는 돈으로 평생, 이 일을 고수하며 편안하게 살려고 할 것이다. 그렇지만 그것은 현실적으로 불가능하기에 선택된 아주 치밀한 소수 사람들만이 주식투자로 인한 부를 향유할 수 있다. 주식투자로 인한 성공의 기회비용은 어떤 노동의 강도 못지않게 힘든 것이 당연하다. 세상에 공짜 밥은 없는 것이다. 이러한 이치를 부자들은 잘 알고 있기에 그들은 주식투자나 파생상품과 같은 위험상품에는 보수적인 경향을 보이는 것이다.

VIP고객들은 인생은 잭팟Jackpot이 아니라 축적이라는 것을 너무나 잘 알고 있는 사람들이다. 그러므로 그들의 금융 포트폴리오를 상담할 때에는 시대적 조류에 편승한 상품이나 단순히 수익률만 전면에 내세우는 상품보다는 그 수익률을 낼 충분한 타당성이 있는 안정된 금융상품, 리스크가 있는 고수익 상품이라면 그 리스크를 충분히 감당할 이유가 있는 금융상품을 추천해야 한다. 그렇다면 여러분은 VIP시장에서 성공할 수 있을 것이다.

VIP 고객
설득 노하우

부자들을 진심으로
존경하는 마음을 지녀라

　부자들을 대할 시에는 겸손하고 예의 바르며 정중한 태도를 지닌 사람으로 보여야 하는 것이 당연하다. 진지한 태도로 그들의 이야기를 경청하고, 부자로서가 아닌 성공한 사람으로서 그들의 훌륭함을 본받고자 하는 겸허한 자세를 지니며 존중할 줄 알아야 할 것이다. 이는 절대 가식적으로 표현해내려 해서는 안 되는 부분이며 이들로 인해 비즈니스 인으로서 좋은 자극과 많은 영감을 직접적으로 받을 수 있음에 진심으로 감사하는 마음을 표현하는 것이 중요하다.

그런 태도로 그들을 만나는 일에 열심히 임한다면 당신의 고객을 향한 정성과 존중 어린 태도는 자연스레 드러나기 마련일 것이다. 부자 고객을 설득하기 위한 첫 단추는 부자를 인정하고 진정한 의미로서의 존경을 나타내는 것에서 기인하기 때문이다.

한 번은 국내 굴지의 P헤어디자인 대표의 부인을 만난 적이 있었다. 미용 외길 30년 경력을 가지고 있는 원장의 노하우와 자부심으로 당시 중국까지 사업 확장을 하며 성공 가도를 달리던 P대표와 그의 가족이 동석한 자리에 내가 컨설팅을 하러 간 것이다. 필자는 오히려 그들의 회사가 어떻게 무에서 유를 창조했는지 설명을 많이 듣고 조언까지 받아왔다. 그분들을 위한 재무 설계를 위한 금융 컨설팅을 하러 갔지만 기꺼이 나는 주인공의 자리를 양보한 것이다. 그분들의 성공 스토리를 들어주며 상황은 주객전도가 되었지만, 그분들을 단순 고객이 아닌 사업을 향한 진심에 귀를 기울이게 되면서 서로를 향한 친밀도가 상승하게 되었고 그로 인해 그들은 결국 나의 고객이 되었다. 진중한 자세로 경청하던 나에게 그들이 맘을 열어 준 것이다. 그 일을 계기로 마케팅 교과서에서 나오는 경청의 효과를 정말로 200% 실감했다.

또한, 홍콩에 근거지를 둔 H투자 사장과의 인연도 상대방의 이야기를 진지하게 들어주었던 사례와 일맥상통한다. 그는 나와 동갑이었고 나 또한 금융 쪽에선 최고의 베테랑이라 자부하고 있었는데 나와 동갑인 그분은 증권 쪽에서는 이미 나보다 더 깊은 지식과 다양한 경험을 가지고 있었다. 이러한 경우 반대로 고객이 컨설턴트를 가르치려는 경향이 있다. 그러나 이를 이기려 하거나 절대 경쟁심을 가져선 안 된다. 배움의 자세로 나를 낮추고 알고 있는 것도 모르는 척해야 한다. 필자는 실제로도 주식투자를 오랫동안 하고 있었지만, 그 사람에게 주식 관련 파생상품을 되물으며 다시 한 번 배우고자 하는 태도를 취했다. 그는 나에게 배움을 주면서 나와 만나는 것을 즐겼고 그 또한 나와 많은 대화를 나누며 더욱 친분을 쌓았다. 그리고 결국은 나의 VIP 고객이 되었다. 이 세상에서 가장 지혜로운 사람은 머리 좋고 많이 아는 사람이 아니라 남의 말을 귀 기울여 듣는 겸허한 사람임을 명심하자.

부자들은 세밀한 부분까지
신경 써주는 사람을 원한다

1인분에 10만 원 가까이 하는 유명 갈비전문점 B갈비는 공항에도 입주해 있을 정도로 대규모였고 그곳의 대표는 식당 프랜차이즈 사업 분야의 큰손이었다. 필자가 근무하던 은행과 거래를 하시던 그분은 물론 예금 액수 면에서도 굉장한 VIP였다. 그 당시 예금 액수에 비례하는 마일리지 서비스를 제공하는 상품이 있었는데 그분의 상품에 여직원의 실수로 마일리지 적립이 되지 않았다. 몇 천

원 정도의 차액이었지만 나중에 그 고객이 항의하는 일이 생겼었다. 또 구정 때는 은행에서 착오로 선물 명단에서 제외되는 똑같은 실수까지 저지르고 말았다. 그 고객은 꼭 선물 때문이 아니라, 기분 문제라고 불만을 제기하였다. 비록 큰 실수도, 비싼 선물의 누락도 아니었지만 종종 사소한 실수를 반복하면 고객의 입장에선 기분이 나쁠 수밖에 없다는 것이었다. 결국 그 고객은 얼마 후 주거래를 타 금융기관으로 바꾸어 버렸다.

이러한 예에서 볼 수 있듯이 사소한 부분에서 고객의 신뢰를 잃거나 회사 이미지에 큰 타격을 입힐 수 있으므로 고객 한 분 한 분 더 상세히 신경 쓰고 정성을 다해야 한다.

거래 계약 중 잔금으로 단돈 1백 원 혹은 10원의 차액이 발생하는 경우가 있다. 10원이 남는 끝전과 같은 차액들은 하루에 수억 원의 거래를 성사시키는 금융인들에게는 간과하여도 무방한 소액일 뿐일지도 모른다. 그러나 이러한 액수를 하찮게 여기고 넘기기를 반복한다면 신뢰를 얻지 못할 것이다. 오히려 이를 기회로 삼고 이러한 사소한 사항을 꼼꼼하고 세심하게 챙겨 드림으로써 그들에게 믿음을 얻을 수 있다.

부자들은 정확하고 명확한 계산법에 익숙해져 있다. 그렇기 때문에 금리 0.01%까지 정확히 계산해 주는 자를 이익을 넘어서 파트너로 삼으려고 하는 것은 당연하다. 액수가 아닌 철두철미한 면모를 비즈니스의 기본 마음가짐으로 생각하기 때문이다. 이러한 사소한 심리를 섬세히 공략한다면 가망 고객을 넘어 메인 고객으로 뻗어 나갈 수 있는 기회로 삼을 수 있을 것이다.

이미지 마케팅으로
모방심리를 자극하라

공식적 통계 수치로 10만 명의 백만장자가, 비공식적으로는 50만 명 이상의 고액자산가들이 전부 다 특정 지역 혹은 집단에 속한 것은 아니다. 이들은 대한민국에 널리 분포되어 있다. 물론 강남지역과 같은 부촌에 유독 몰려 있는 것은 사실이다.

대기업이나 유명 브랜드 혹은 고급 상점과 레스토랑이 밀집해 있는 압구정·청담 일대의 강남지역의 부자들은 트랜드에 앞서나가는 선진형 럭셔리 소비 집단 이미지로 각인되어 있다. 그리하여 강남 외의 부자들은 외형이나 자산규모가 크다고 하더라도 강남권 부자들과의 비교에 묘한 긴장감을 갖는 것이 사실이다. 지방에도 많은 VVIP들이 존재하지만, 특히 강남 부자들의 재테크 방식이나 자녀 교육, 부동산 투자 등 그들의 트랜드를 알려주면 더 설득력이 높고 관심과 호기심을 많이 보이기도 한다. 고객들의 모방심리를 자극하고 벤치마킹이 될 수 있는 부자 타깃 군을 스타 마케팅과 같이 그들의 고급화된 이미지와 사례를 인용함으로써 비교·대조를 통하여 홍보 마케팅 전략으로 이용하면 효과적인 비즈니스 수단이 될 수 있다.

　실제로 필자가 지방에 있는 중소기업 사장들을 컨설팅하고 있을 때였다. 창원·마산 지역은 우리나라 소비 제1도시이자 물가·집값이나 평균 근로소득이 서울과 비슷하지만, 이들은 강남 쪽 부자들의 최근 재테크 비법을 예를 들어 컨설팅하면 최신 트랜드에 뒤처지지 않는 리더가 되기 위해서 기꺼이 상품 가입을 하거나 포트폴리오 조절을 감행하기도 한 사례가 많았다. 선진형 부자 이미지를 통한 마케팅 비법으로 고객의 모방심리를 자극하는 것이다. 그 실례로 필자가 VIP개척 보험 영업을 하러 경남 창원에 간 적이 있었다. 그때 그 지방 VVIP를 만나서 컨설팅할 때 서울 강남 부자들은 보통 저축성보험 1계좌는 기본으로 한다고 설명했다. 그러면 당연히 한 계좌씩은 쉽게 클로징할 수가 있었다. 그럼 한 계좌의 단위는 얼마일까? 월납 일천만 원이었다. 샐러리맨에게 한 계좌 일십만 원과 의사 등 일반 부자의 한계좌 일백만 원, VVIP의 한 계좌 일천만 원은 액수는 다르지만, 그들이 느끼는 돈의 효용의 가치는 비슷한 것이다.

　명심하자, 다른 이들보다 뒤처지기를 원하는 부자는 없다. 그들의 눈높이에 맞추어 부자들의 경쟁심을 자극하여 최고의 클로징 멘트를 준비하면 반드시 VIP마케팅에 성공할 것이다.

컨설팅의 주인공은
고객이 되어야 한다

　물론 금융 경험이 많은 금융 컨설턴트들은 일정한 부분에서 많은 경험과 노하우가 있기 때문에 충분히 고객들을 가르치고 리드해 나갈 만큼 전문인들이다. 그러나 부자들을 앞에 앉혀 놓고 강의 형식으로 컨설팅을 리드하며 진행하기보다는, 고객과의 충분한 상담을 통해 그들이 우선 궁금해하는 사항은 무엇인지 먼저 파악하는 것이 매우 중요하다. 또한, 이에 대하여 눈높이를 함께하여 궁금증을 해결해 주고 주요 핵심사항과 그들에게 필요한 것들을 보충해 주면서 그들을 주체로 한 컨설팅을 진행해야 효과적이다.
　매우 숙련된 금융 컨설턴트들 일지라도 자주 간과하는 부분이 있다. 많은 고객을 상담하면서 어느덧 노련한 화술을 터득하여 어느 고객을 만나도 전혀 인간적인 면 없이 자동화된 기계처럼 말을 늘어놓는 능숙한 화술을 지니고 있다는 점이다. 이는 금융 컨설턴트나 상담가이기보다는 전문 영업인의 면모를 강하게 발산하기 때문에 고객은 이를 달가워하지 않을 수도 있다. 때문에, 고객을 위하여 최선을 다해 컨설팅을 진행하면서 그들의 재무 설계에 작지만 실은 큰 도움을 주는 방법을 제시하는 역할을 하는 이미지를 심어 주어야 한다. 그러한 순수하고 정성어린 태도로 그들과 마주한다면 예의 바르고 진심이 묻어나는 태도에 반하여 당신의 말에 귀를 기울여 줄 것이다.

한번은 거액의 토지보상금을 받은 고객을 유치하기 위하여 먼 지방까지 출장을 간 적이 있었다. 그 당시 100억 원 정도를 보상받은 할아버지로 처음 뵌 순간부터 막걸리를 들고 계셨다. 집 한편에 자리 잡은 평상 위에 앉아 막걸리 잔을 기울이며 나는 할아버지를 설득하기 위해 잔뜩 긴장해 있었다. 그러나 할아버지께서는 아버지는 뭐하시냐며, 6·25는 참전하셨냐며 오히려 나에게 질문을 하시거나 조국을 위해 일한 자신의 일대기를 장황하게 늘어놓으셨다. 나는 꾹꾹 참고 막걸리만 연거푸 마셨고 바로 앞에서 트림할 때마다 고약한 냄새를 맡으며 반복적인 이야기를 듣는 고문 아닌 고문에 시달렸다. 나의 목적은 꺼내지도 못한 채 8시간 내내 지겹도록 6·25 참전 이야기를 들었다. 아마 경험해 본 사람들은 알 것이다. 술자리에서 들은 이야기를 계속 듣는 것이 얼마나 고통스러운지를…. 그렇게 오랜 시간이 지나 해가 어둑어둑해졌을 때야 쌈지주머니에서 종이를 꺼내더니 토지보상금으로 받은 전표를 꺼내셨다. 100억이 넘는 전표를 꺼내시며 나에게 자금운용 방안을 물으셨다. 지금 생각해 보면 그분에게는 그 토지보상금 100억 원만이 인생의 전부가 아니라 6·25 참전의 추억이 인생의 전부였을 것이다.

지금은 부자가 되었지만, 그분의 인생에서 그 당시의 참전 이야기는 당신 인생의 모든 것을 차지하는 부분이었을 것이다. 만약 내가 그분을 앞에 모셔 두고 이야기하시는 중간에 영업이나 금리를 강조했다면 나는 절대 그분의 신뢰를 얻을 수 없었을 것이다. 그의 인생스토리를 들어주었기 때문에 나에게 마음을 열어 주신 것이다.

연극의 주인공은 항상 고객이 되어야 하고, 우리 금융 컨설턴트는 조연이 되어야 한다.

너무 치장하지 말아야 한다

VIP 비즈니스를 할 때 감각적인 차림으로 스스로를 스타일리시하게 꾸미는 것 또한 매우 중요하다. 비즈니스에서는 외모에서 주는 분위기로 사람을 판단하는 경향이 있기 때문이다. 이는 상류 사회일수록 높은 호기심과 경계심으로 항상 서로를 주시하고 있기 때문에 단정하면서도 감각적인 차림새는 꼭 신경 써야 할 필수요소이다. 특히 VIP 비즈니스일 경우에는 더욱 정장에 관심을 기울여야 한다. 때와 장소, 격식에 맞게 스스로를 정장함으로써 자신의 일방적인 취향을 강조하는 것이 아닌, 상대방에 대한 예의와 가치를 인정하고 존중하는 배려가 드러나는 외적인 면모를 갖추어야 하기 때문이다

그러나 이를 좇기 위해 너무 치장에 주력하여 금융 컨설턴트로서 절제된 품위를 지키지 못하고, 부자 고객을 상대함에 따라 자신의 사회적 지위를 외모적인 액세서리로 상승시키려는 경향이 강하여 과시적 소비 성향을 보이는 컨설턴트들도 간혹 있다. 여백이 있

는 풍경이 아름답듯이 사람도 결점이 있어야 아름답다. 너무나 깨끗하기만 한 물에는 물고기가 서식하지 못한다고 한다. 조금의 틈, 단점, 완벽치 못한 모습에서 인간미가 느껴지는 것이고, 이러한 점으로부터 고객에게 인간적인 동질성이 건네지며 마음을 열게 하는 중요한 요소로 작용할 수 있다.

부자들과의 외적인 동질감을 맞추기 위해 한 번의 미팅을 위하여 부자와 레벨을 맞추려 양복부터 넥타이, 가방, 셔츠, 필기도구까지 명품으로 사는 일부 후배들을 가끔 보았다. 물론 이처럼 행동하는 것이 절대적으로 잘못은 아닐 것이다. 사람은 자신과 비슷하게 행동하고 취향이 같은 사람에게 끌리기 마련이다. 그러나 명품으로 부자들의 흉내를 내는 것은 결코 플러스 요인이 아니다. 풋풋하지만 열정과 정성 어린 모습으로 자신의 실력과 내면을 부자들에게 보여 주는 것이야말로 VIP 마케팅 성공의 가장 중요한 요소일 수 있다.

한 번은 고객으로 모시던 강남의 한 내과병원 원장님으로부터 저녁 초대를 받은 적이 있었다. 그분 아래에는 금융사 관련 후배들이 많았다. 다 함께 거하게 저녁을 먹고 2차를 가게 되었다. 폭탄주를 5잔 이상씩 마시며 얼큰히 취했다. 동종업계 컨설틴트들은 서로 술자리에서 실수하지 않으려고 잔뜩 긴장된 모습이 역력했다. 하지만 나는 평소의 나의 성격대로 아무 부담감을 가지지 않고 원장님들을 동네 형님처럼 편하게 대하며 부담 없이 취했다. 계속되는 폭탄주에 반은 필름이 끊기고 말았다. 그리고 다음 날은 휴일이 었는데 그 원장님으로부터 전화가 왔다. 나는 필름이 끊겨 자세히 생각나지 않지만, 테헤란로 한복판에서 차들을 가로막으며 3차를 가자는 내 모습에 동료들과 함께 말리며 웃음을 터뜨리셨다는 것이다. 술이 깬 나는 매우 민망하고 난처했지만, 이러한 나의 인간적인 모습에 당시 자리에 있던 수많은 동종업계 컨설턴트들을 뒤로 하고 나와 금융 주거래를 맺어 주셨다. 그날 술이 끝나고 수 일 후에 그들끼리 또 한번 술자리를 하셨는데 그중 한 원장님이 술 취한 김 모 팀장이 가장 인간적이고 눈치도 보지 않았다며 그러한 사람이 배신하지 않는다고 나를 감싸 안으시며 동료들에게 금융거래를 추천했다는 것이다. 내가 대했던 가식적이지 않은 순수한 열정과 진심으로 거래를 맺게 된 결과였다. 산수화도 여백이 있는 풍경이 아름답듯 꾸밈없는 모습이 어떠한 경우에는 인간적인 모습으로 표현되어 완벽한 화술과 세련된 매너를 압도할 수도 있는 것이다.

07
How to approach the VIP Market

단계별 개척 영업 시스템

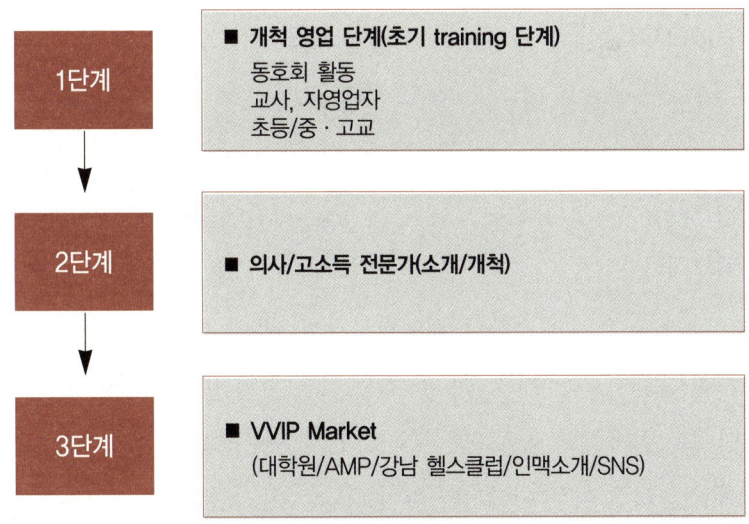

그렇다면 어떻게 우리가 VVIP고객을 만날 수 있을까?

부자 고객들에게 다가가기 위해서는 상위도표와 같은 단계별 영업 시스템이 존재한다. 1단계는 초기 트레이닝 단계라고 할 수 있겠다.

1단계 :
초기 트레이닝 단계 - 강심장 되기

당신의 심장을 강심장으로 만들 수 있도록 훈련하는 단계로 프로 세일즈맨에서 거절과 난관을 극복하게 하는 돌입 방문이 메인 전략이다. 돌입 방문은 모르는 사람에게 가장 빠르게 그리고 효과적으로 다가가는 방법으로, 개척 영업의 초기 단계이지만 노력만 한다면 큰 결과로 보상받을 수 있다. 일단 동호회 활동을 하여 늘 새로운 사람들을 만날 수 있는 인맥네트워크를 형성한다거나, 교사나 공무원과 같은 항상 근무 시간이 정해져 있는 사람들에게 돌입 방문하는 것이 좋다. 그분들은 근무 시간에 항상 자리에 있기 때문이다.

내가 직접 동료들을 트레이닝시켰을 때에는 무조건 데려가서 특히 초등학교는 여교사 혼자 있는 곳을 골라 무조건 들어가 5분 안에는 절대 나오지 않도록 교육했다. 상품 홍보를 하든 사적인 이야기들 하든 아무 이야기나 하여도 좋으니 직접 부딪치도록 하는 것이다. 굳이 상품 계약을 따내지 않아도 강심장과 스피치 기술에 매우 좋은 훈련이 됐다. 동료들은 그 자리에서 거절을 당하더라도 문밖에서 내가 대기하고 있었기 때문에 나올 수 없었다. 결국 그들은 5분을 버티기 위해서라도 막막한 상황에 낯선 사람과 대화를 나누기 시작했고 그런 과정을 거쳐 영업 고유의 정신과 능력을 얻을 수 있었다.

2단계 :
개척 영업 단계

1단계에서 어느 정도 강심장을 다지고 내공으로 무장하면 2단

개척 영업 효과

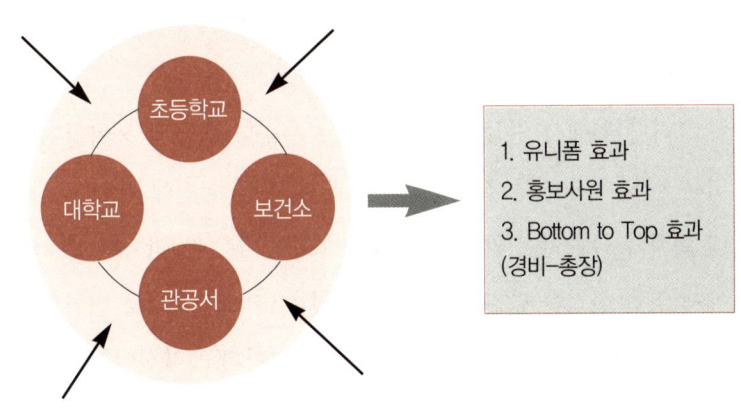

계는 의사나 고소득 자영업자를 소개 혹은 개척 영업을 통해서 고객과 만나는 것이다. 앞에서 말한 B형 부자들에게 이 전략을 통한 접근이 쉬운 편인데, 첫 대면하는 이들에게 컨설팅을 본격적으로 진행하기 위해서는 전문적이고 숙련된 지식과 스킬이 필요하며 이를 위해 탄탄한 1단계 훈련이 필요한 것이다. 이것이 정착될 경우는 종합병원의 의사는 물론 병원 내 간호사들까지 고객으로 만들 수 있게 되어, 1·2단계까지 뻗을 수 있는 효과를 이끌어 내기도 한다.

1) 유니폼 효과(Uniform Effect)

유니폼 효과는 같은 차림새로 계속해서 목표 집단, 단체에 가게 되면 그 세일즈맨이 자기 회사 직원인 것처럼 착각한다는 것이다. 지속적으로 1주일에 3번 이상 방문하면 친근감으로 인해 동료 직원으로서 자연적으로 동질감이 형성되어 동료의식이 상승하게 되고, 이들과 컨설팅 시에는 체결 확률이 배가 된다는 것이다.

2) 홍보사원 효과(Public Information Effect)

그러나 위에서 언급한 각종 단체는 누구나 접근의 용이성이 있다는 태생적 약점을 갖고 있다. 그래서 자신이 진행 중인 고객을 타 회사의 금융인이 와서 컨설팅할 수도 있다. 하지만 일부는 타인에게 영업 실적을 넘겨 주는 경우가 있을지라도, 고객을 진실로 대하고 성실히 대했다고 한다면 타인이 컨설팅하고 자신이 제안했을 때 고객은 나를 선택할 수 있는 것이다. 다른 세일즈맨이 자신을 위하여 세일즈를 해 준 것이다. 이러한 경우에는 모집단 내에서 10~20% 자신의 고객을 타 세일즈맨에게 양보한다고 하더라도 전체적으로는 부의 플러스 효과가 난다고 하겠다. 다른 세일즈맨을 자신의 홍보사원으로 적극적으로 이용해 보자.

이러한 차별화 전략으로 거래계약을 이끌어 내기 위해서는 무엇보다 장황한 상품설명보다 신뢰감을 쌓고 지속적으로 고객을 대우하는 것에 정성을 다하는 인내가 필요할 것이다. 인내의 열매는 인생뿐만 아니라 VIP영업에서도 그 맛이 매우 달콤하다는 것을 절대 잊어서는 안 될 것이다.

3) Bottom to Top 효과

이 전략은 모집단에 속한 맨 아래 Bottom부터 맨 위 Top까지 ALL-IN 고객을 만들 수 있다는 전략이다. 가령 대학을 예로 들면 입구를 지키는 경비부터 최고 높은 자리에 있는 총장까지 모두 고객이 될 수 있다는 것이다. 실제로 이러한 사례의 경우는 주위에서 심심치 않게 회자되는 금융영업 성공 사례이다.

필자의 동료 중 한 명은 서울 소재 S종합병원에서 개척 영업을 시작하여 3년 반 만에 전문의의 약 70% 이상을 계약자로 만들었다. 구내식당에서 일하는 주방 아주머니를 포함하여 전공의의 약 70%를 계약하여 자신의 고객으로 맞이한 이 경우는 당시 그 병원 내에서 살다시피 했던 그 친구의 의지와 열정의 공로였다. 그

친구는 눈이 오나 비가 오나 회사에서 아침 조회가 끝나면 일주일에 세 번 이상은 병원에 들러 사람들을 만나 영업을 했다고 한다. 신문도 병원 도서관에서 보고, 점심도 구내식당에서 해결하고 심지어 졸릴 때는 병원 벤치에서 낮잠을 잤다고 한다. 이를 지속적으로 부지런히 행했던 결과가 Bottom to Top 효과의 결과로 건물 전체를 자신의 고객으로 만들었던 성공사례의 예를 보여준다.

금융영업 실적은 정직한 것이다. 자신의 의지와 열정에 비례하여 결과물이 산출된다. 즉 구두굽 닳는 것에 비례하여 자신이 성장한다는 것을 금융 컨설턴트들은 평생 마음에 새겨야 할 것이다.

3단계 :
VIP Market에 접근하는 단계

마지막 3단계는 가장 전문적인 단계로, 대학원 최고경영자과정 A.M.P., VIP전용 헬스클럽, 인맥 소개 등 다양한 사례 활동을 통하여 대한민국 1%의 VVIP들을 만나는 방법이다.

최고경영자과정은 A.M.P. Advanced Management Program의 약자로, 주요 대학이나 교육기관에서 기업체 임직원이나 사회 고위 계층을 대상으로 실시하는 단기 교육코스이다.

이것은 미국과 같은 해외에서는 보통 공·사기업체 최고 경영자·임원·정부기관 고위직 공무원·국회의원·금융기관의 고위 책임자 · 주요기관의 기관장급 인사 등 학력 제한은 없으나 이와 동등한 자격을 갖춘 각 분야의 최고 책임자를 대상으로 하는데, 3~6개월의 한 학기 과정 동안 집중적으로 중요 이론을 가르치는 과정이다. 입학이 자유로운 편이지만 조직 내에서의 사회적 위치, 구체적 연구계획서 등을 요구하기 때문에 이미 경영 능력이나 업무 성과 등의 능력을 검증받은 이들이 많이 참여하며 단순 직장인이나 일반인은 지원 불가능하다. 요즈음에는 엄격한 입학관리로 인하여 금융기관은 부지점장 이상 급만 입학 지원이 허가된다고 한다.

만약 이 최고경영자과정에 지원하려 할 때 당신이 입학 자격에 충족되지 못한다 해도 이를 위한 방도가 있다. 부지점장 등으로 한 단계 당신을 높여 명함을 만드는 것이다. 학점이 인정되지 않는 비정규과정이지만 교육만큼이나 인적네트워크 강화를 목적으로 운영되기 때문에 이곳에는 여러 사회 고위 지도계층뿐 아니라, 인맥 확보를 위한 세일즈맨, 연예인 등도 많이 참여하고 있다. 그러므로 고객의 범위를 넓히기 위하여 이곳은 훌륭한 장소가 되어 줄 것이며, 당신의 인적네트워크 또한 한 단계 업그레이드시켜 줄 것이다.

VIP 마케팅에 도움이 되는 최고경영자과정(A.M.P.) 입학 안내 정보

1. 성균관대학교 경영전문대학원 W-AMP(최고경영자과정)

   http://biz.skku.edu

성균관대학교 경영전문대학원의 최고경영자과정 W-AMP는 수강생들의 주요 경쟁력인 휴먼네트워크 형성에 필수적인 고급문화체험을 바탕으로 한다. W-AMP는 다음의 세 가지 과정으로 구성된다.

먼저, 자산운용도 전략인 Wealth Management에서는 저금리 · 고령화 시대에 생애 설계 방법, 개인과 기업의 자산관리 방법을 주요 과정으로 한다. 두 번째로 체계적인 건강플랜인 Well-being Management에서는 삼성서울병원과 연계하여 체계적인 건강관리를 해주며, 품격 높은 삶인 World Class Culture에서는 휴먼네트워크 형성에 필요한 문화, 스포츠, 교양 강좌 및 현장체험으로 구성된 교양 프로그램을 제공한다.

2. 한양대학교 경영대학원 최고경영자과정

http://www.gsb.hanyang.ac.kr

한양대학교는 '최고경영자과정 MOT management of technology, 기술경영'를 개최한다. 주요 과정 내용은 글로벌 경영환경이슈, 지속가능경영과 패러다임의 변화, 새로운 10년의 기업경영 등 조직을 이끌어갈 리더들에게 필요한 경영 트랜드와 모바일 혁명 시대의 생존전략, FTA의 파급 효과, 미래의 유망산업(신재생에너지, LED, 녹색융합산업, 친환경건축 등), 자원개발과 메가트랜드, 정부조달시장진출 등 기업의 미래 신 성장 동력과 관련된 내용으로 구성되어 있다.

3. 건국대학교 부동산대학원 최고경영자과정

http://www.k-amp.co.kr

건국대학교 부동산대학원은 1970년부터 쌓아온 부동산 분야의 전문성과 인적 네트워크를 바탕으로 부동산 분야의 최고경영자들을 대상으로 하는 교육과정을 운영하고 있다. 이 과정은 부동산분야의 전임교수진이 책임지는 본격적인 과정으로 16주 30개 특강이 모두 부동산에 관련된 주제만으로 깊게 다루고 있다는 점에서 차별적인 특징을 지닌다. 강의 내용 또한 학기 초 수강생 설문조사를 바탕으로 철저히 수요에 따른 실무 위주 맞춤식 강의를 진행하고 있다.

4. 동국대학교 행정대학원 부동산(자산관리) 최고경영자과정

http://www.dgureceo.com

동국대학교 행정대학원에서는 부동산 시장의 새로운 변화를 인식하고 '최고경영자에게 부동산 시장의 새로운 개발과 투자방안을 제시하는 전략적 교육 프로그램'을 개설하고 있다. 동국대학교 최고경영자과정의 강의는 부동산의 과학화를 위한 프로그램, 부동산의 가치 창조와 현식을 위한 프로그램 그리고 자산관리 및 글로벌 부동산에 대한 내용을 포함하고 있다.

5. 경기대학교 서비스경영대학원 최고경영자과정

http://www.ceokgu.com

경기대학교에서는 2000년도에 국내 최초로 서비스 경영전문대학원을 개원한 이래 서비스 경영분야에서 다양한 과정을 개설하고 있다. 신 경영패러다임, 총체적 품질경영, ERP, 정보, 통신시스템, 인터넷 비즈니스 벤처기업경영, 전략적 제휴 등 교육의 만족도를 극대화하는 교육 과정과 국내 최초의 서비스 분야를 선도할 최고경영자 양성 프로그램을 운영하고 있다.

6. 숭실대학교 중소기업대학원 최고경영자과정

http://small.ssu.ac.kr

숭실대학교 중소기업대학원은 중소기업분야의 전문 인력 양성을 목표로 운영되고 있는 특수대학원으로 교과과정을 중소기업 경영자에게 초점을 맞추어 그들이 필요로 하는 지식과 지혜를 맞춤형으로 제공할 수 있도록 구성되어 있다. 특히 심화교육분야를 신설하였는데, 원가관리, 경영, 혁신전략 및 사례, 중소 기업형 마케팅, 중소기업리더십, 경영승계 등의 프로그램을 진행하고 있다.

7. 경북대학교 경영대학원 최고경영자과정

http://cec.knu.ac.kr

경북대학교 경영대학원 최고경영자과정은 체계적인 강의를 위해 교육과정이 기업환경의 이해, 현대 경영기법, 국제화, 사례연구, 교양 및 문화의 5개 모듈로 구성되어 있다. 사례에 중점을 둔 수업을 진행하며, 산업체 시설 방문을 통한 현장 중심의 교육을 강조한다.

8. 순천향대학교 건강과학 CEO과정

http://www.schceo.com

순천향대학교 건강과학 CEO과정은 우리 사회 각계에서 대한민국을 이끌어가고 있는 CEO의 건강을 책임지기 위해 '건강과학 CEO과정'을 운영하고 있다. 최근 경영 혁신기법, 성공한 리더십 스타일과 같은 명사특강 및 고급 교양강좌를 실시하고 있다. 또한 당뇨병, 고혈압, 암예방 및 치료, 여성 갱년기 극복, 노화방지, 스트레스관리 등의 건강강좌와 주치의 결연식과 특별강좌를 운영하고 있다.

고급 헬스클럽 또한 부자들을 만나기 위한 장소로 쓰이기도 한다. 일반 학생들이 많이 있거나 회원권이 너무 저렴하지 않고, 대·중소기업의 회사나 고급 아파트 단지 인근의 고급 헬스클럽(예를 들어, 도곡동 T아파트 내 B헬스클럽, 선릉 C헬스클럽, 삼성동 I호텔 내 헬스클럽, 잠실 J한방 병원에서 운영하는 헬스클럽 등)들은 정신건강만큼이나 육체적 건강을 중시하고 자기 관리를 필수로 삼는 부자들이 운동을 위하여 많은 시간을 보내는 곳이다. 이들을 만나기 위해 같은 헬스클럽 내 회원으로서 접근하거나 서로 눈에 자연스럽게 익힌다면 소중한 고객으로의 인연을 맺기에 좋은 기회를 제공해 줄 것이다.

08
VIP 금융상담
Details

부자들은
장기성 저축보험에 왜 가입할까?

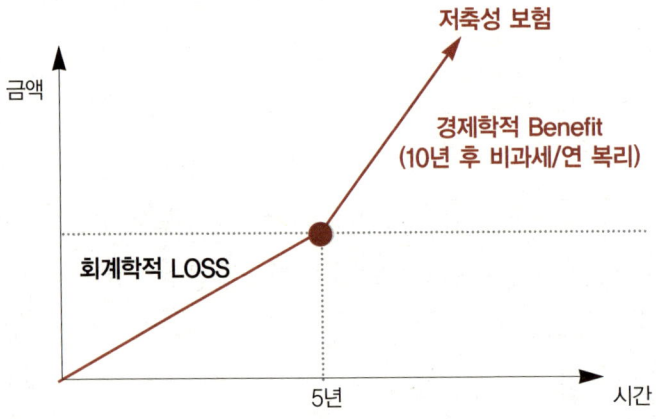

약 20년 동안 금융영업에 종사하면서 많은 사람들의 자산관리

를 담당하고 많은 금융인들과 교류하면서 나름대로 명확한 재테크 철학을 갖게 되었다. 그것을 한마디로 표현하면 내 집을 소유하고 있는 증권회사 동료들보다, 내 집을 소유하고 있는 은행권 동료들이 압도적으로 많다는 것이다. 이는 주식투자에서 장기적으로 지속적인 수익을 내기 얼마나 힘든가에 대해 단적으로 말해준다. 주식관련 상품에 투자기회가 많았던 증권사 직원보다 상대적으로 원금보장형 상품에 투자할 기회가 많았던 은행원들이 장기적으로는 재테크 면에서 판정승을 거두고 있는 것이다. 이것은 과거 30년 동안 우리나라의 주식, 예금, 부동산, 채권의 각 자산 평균수익률 1등은 채권이었다는 사실과도 일맥상통한다. 대한민국 부자들 중 많은 이들은 이러한 진실을 선험적으로 잘 알고 있다. 그래서 주식투자를 하더라도 일정한 포지션을 유지한 채 절대로 무리하지 않는 것이다. 그리고 장기적으로 안정적인 수익률이 담보되는 보험회사의 공시이율 장기저축보험(채권수익률과도 연계됨)을 꼭 필요한 포트폴리오의 하나로 인식하고 있는 것이다. 즉, 대한민국 부자들은 재테크는 머리로 하는 것이 아니라 엉덩이로 한다는 진실을 잘 알고 있다는 것이다. 이러한 사실을 모르면 아마 둘 중에 하나일 것이다. 진짜 슈퍼 VIP가 아니든가, 현명하지 못한 부자든가.

또한 장기저축보험은 자녀에게 평생비과세통장을 물려줄 수 있다. 시간이 갈수록 늘어나는 펀드수수료도 문제지만 일반적으로 예금을 하면 15.4%의 세금을 공제한다. 이는 이율이 5~6%라고 가정해도 1년이면 원금의 0.8%, 5년이면 원금의 4%, 10년이면 원금의 8%를 국가에 이자소득세로 납부하는 것이다. 즉 10년 동안 아파트 10채로 자산운용을 하면 약 1채(0.8채)를 세금으로 납부하는 것이다. 이것과 비교하여 장기저축보험은 10년만 지나면 전혀 세금이 없다. 부자들이 제일 싫어하는 국가기관은 어디일까? 바로 국세청임을 명심하자.

그리고 장기저축성보험은 위 도표에서 보듯이 평균 5~7년 정도 사업비 상각기간, 즉 회계학적 Loss 기간이 끝나면 그 이후는 복리효과와 비과세효과가 시너지가 되어 엄청난 수익을 가져다주는 경제학적 Benefit 기간이 도래한다. 물론 회계학적 Loss 기간 중에 해지를 하게 되면 원금에 손실이 나기도 하지만 불과 5년 이내에 현금유동성을 예측 못하는 VIP고객은 거의 없다. 즉, 회계학적 Loss 기간에 부모가 장기저축보험을 가입하여 그 기회비용을 떠안고, 경제학적 Benefit 기간 중에 자녀에게 계약자 변경을 통하여 증여해 주면 자녀는 세금 없는 평생비과세통장을 부모로부터 선물 받는 것이다. 여기서 주의할 점은 아직까지 현행 세법상 단순히 계약자 변경만으로는 증여, 즉 수증행위는 아니라는 것이다. 자녀가 이 돈을 인출하여 경제활동을 할 때 비로소 증여의 문제가 발생하는 것이다. 이것은 여러 가지 세테크 플랜으로 해결할 수 있다.

부자는 CEO PLAN을 왜 좋아할까?

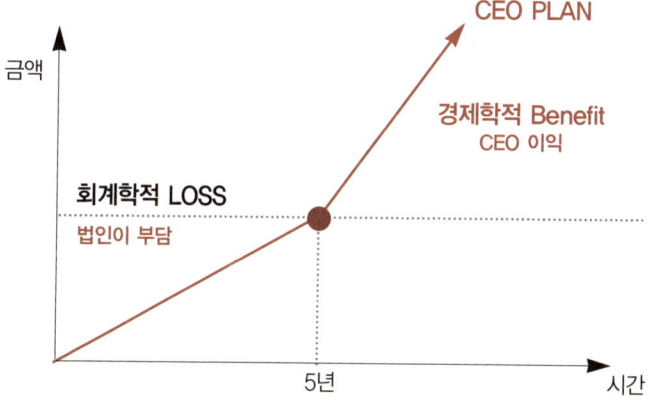

수년 전부터 보험 업계는 물론, 방카를 담당하는 은행권에서도 법인 보험 계약을 CEO PLAN으로 유치하기 위해 치열한 공방전이 벌어지고 있다. 그래서 요즘은 CEO들 사이에서 CEO PLAN을 모르면 둘 중 하나라고 한다. CEO가 아니든가, 곧 부도 날 회사의 CEO이든가. 거기에 얼마 전에 국세청에서 계약자 변경, 퇴직소득 처리 관련 유권해석까지 발표해 업계의 혼란을 가중시키기도 했다.

그러나 CEO PLAN의 진정한 가치는 위 도표에서 보듯이 회계학적 Loss기간 중에 법인이 그 기회비용을 감수하고, 경제학적 Benefit 기간 중에 CEO에게 이전해 주는 데 그 초점이 있다 하겠다. 이렇게 했을 경우 법인 입장에서는 사업이 잘 될 때는 현금자산확보와 대외신용도가 제고되는 것이고, 사업이 안 좋을 때는 해

지나 대출로 긴급자금을 확보할 수 있는 것이다. CEO 입장에서는 사업이 좋을 때는 약 30% 전후의 급여소득을 4~5%의 퇴직소득으로 절세할 수 있다. 그렇지만 그 적법성에 대해 논란이 많다. 그러나 중요한 것은 이것이 아니다. 만약 퇴직소득처리가 안 된다면 세금을 내면 그만이다. 어차피 근로소득세만큼 더 내지는 않을 테니까 걱정할 것 없다. CEO는 이미 그 시점에서 회계학적 Loss 기간을 법인에 전가시키고, 비과세와 연 복리로 자금이 급격히 불어나는 경제학적 Benefit 기간을 얻는 큰 혜택을 누렸다.

중요한 Key Point는 다음에 있다. CEO 입장에서 회사 사정이 안 좋을 때 이야기다. 우리나라의 계속기업 존속 확률이 몇 %인지 아는가? 우리는 매일 삼성, 현대, LG 등 망하지 않는 기업들만 듣고 보아서 기업은 웬만해서는 망하지 않는다고 착각할지도 모른다. 그러나 우리나라에서 30년 동안 기업이 존속할 확률은 10% 미만이라고 한다. 즉 30년 후에는 지금 우리 금융 컨설턴트들이 거래하는 법인의 90%는 사라질지 모른다는 것이다.

CEO들 입장에서도 이점에 대해 말은 하지 않지만 굉장히 불안감을 느끼고 있다. 이런 미래 불안 심리를 CEO PLAN으로 일부분 커버할 수 있는 것이다. 기업이 부도 위험에 처하면 제일 먼저 감지하는 사람은 당연히 CEO일 것이다. 그렇지만 이때 은행 등 금융기관의 자금은 대표이사 연대보증 연계 등으로 회사 돈이든 개인 돈이든 쉽게 인출이 불가할 것이다. 그렇지만 그러한 초 위급상황에서 보험회사 CEO PLAN은 구세주 같은 역할을 할 수 있다. 간단히 대표이사로 계약자 변경을 하여 쉽게 인출할 수 있다. 그 이후 회사가 부도가 났다고 가정하면, 부도 난 회사에 대표이사로 계약자 변경이 되니 안 되니 누가 따질 것인가? 나중에 부도가 수습되었을 때 누가 혹시 문제제기하면 세금만 내면 그뿐이다. 불법은 아닌 것이다. 그렇지만 CEO 입장에서는 CEO PLAN으로 가입했던 장기성저축보험은 다시 재기할 수 있는 사업발판을 마련하는 초석이 될 것이다.

사업가들에게는 1억이 있으면 10억짜리 사업을 일으킬 수 있는 것이고, 5억이 있으면 100억짜리 사업도 만들 수 있는 것이다.

필자의 지인 중에는 부도를 내고 해외에 잠시 도피해서 비상금을 발판으로 제기하여 빚도 청산하고 다시 훌륭한 기업인이 된 사례도 있다. 이러한 대비를 하는 데 CEO PLAN만큼 최고의 금융상품은 없다. 몇 푼의 세금절세보다 부자들의 이러한 심리를 파악하는 것이 VIP영업의 핵심임을 명심하자.

Chapter 3

VIP 공략을 위한 Tool = R.A.S.H.

많은 사람들이 성공을 꿈꾼다.
내게 있어 성공은 오직 반복적인 실패와
자기반성을 통해서만 가능하다.
_혼다 소이치로

Chapter 3

Introduce

필자가 강조하는 〈R. A. S. H. 성공학〉은 VIP 마케팅뿐 아니라 인생 성공을 위해서라도 꼭 갖추어야 할 4가지 주요 덕목으로, 특히 세일즈를 전문으로 하는 분야에서 Top sales man이 되기를 원하는 사람이라면 꼭 갖추어야 할 필수적인 요건이다.

어떤 분야에서든지 진정한 프로가 되기 위해서는 탄탄한 기초와 기본기를 다져야 하는 것이 너무나 당연한 것이다. 힘없는 모래 위에 허술한 집을 쌓는다면, 이는 필히 무너져 버리고 말 것이다. 단 한 번뿐인 당신의 세일즈 인생을 사상누각으로 만들어 버려서는 안 될 것이다. 필자가 앞서 〈Chapter 1〉에서 언급한 개척 영업 사례의 정답인 열정과 노력, 〈Chapter 2〉에서 VIP market을 완벽히 파악하고 공부함으로써 집중적이고 효율적인 전략을 갖춘 전문가로서의 프로다운 자세와 Skill 그리고 〈Chapter 3〉 R. A. S. H.가 강조하는 기본적인 자질이 갖추어질 때 당신은 진정한 성공의 참맛을 볼 수 있게 될 것이다. 이러한 과정을 얼마나 탄탄하고 완벽하게 소화하느냐에 따라 실패하는 사람과 성공하는 사람의 패가 갈리는 것이다. 물론 그 차이는 백지 한 장 차이도 안 된다는 것을 여러분이 더 잘 알 것이다.

훌륭한 금융 컨설턴트가 되고 싶다면 〈Chapter 1〉과 〈Chapter 2〉의 사례도 중요하지만, 무엇보다 R. A. S. H.가 선행되어야 한다. 지식 습득의 중요성을 강조하는 [Reading], 긍정적인 에티튜드를 갖기를 조언하는 [Affirmation], 자신만의 주특기 즉 스토리를 살려야 함을 강조하는 [Story Telling], 꿈을 위한 습관의 중요성과 목표의 필요성을 당부하는 [Habit], 즉 성공을 향한 필수 요건인 R. A. S. H.를 잘 활용한다면, 일적인 부분에서의 성공뿐 아니라 지적 능력을 향상시켜 주고 인생에서도 당신이 꿈꾸던 성공으로 향하게 이끌어 주는 새로운 계기가 될 것이다.

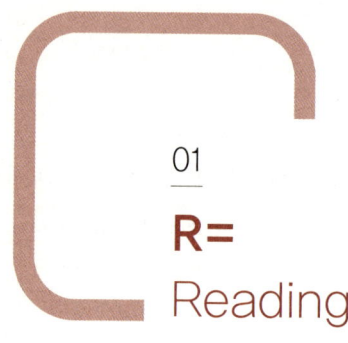

01
R=
Reading

　　금융 컨설턴트들은 고객과의 만남을 통해 최대의 편의와 필요한 정보를 제공하면서, 최고의 능률을 이끌어 내기 위한 완벽한 준비태세를 정립해야 한다. 또한 항상 변화하는 금융환경의 변화에 적극적으로 대처함과 동시에 고객에게 체계적인 양질의 서비스를 제공하기 위하여 다양하고 넓은 지식을 쌓아야 함은 당연할 것이다. 고객을 만나는 것도 체계적이고 전략적인 연습과 훈련이 필요하기 때문이다. 일단 금융 컨설턴트는 금융 분야에서 전문적인 지식과 유연한 사고능력을 갖춘 완벽한 전문가여야 한다. 금융 분야는 무한한 가능성과 잠재성을 가지고 있다. 은행·증권·보험·채권·주식·부동산 시장 등 자본시장 통합 범위가 점차 넓어짐에 따라 서로의 벽이 점점 허물어지고 있기 때문이다.

여러 복합 상품이 새롭게 출시되고 이에 따른 관심과 시장의 수요가 지속적으로 커지면서 새로운 부가가치가 창출되고 있다. 사회가 발달함에 따라 고객들의 수준 또한 매우 고급화되었기 때문에 고객들의 시야는 좁지 않고 안일한 태도로 상품선택에 필요한 정보를 접하지도 않는다. 다시 말해 백화점식 금융상품 나열만으로는 고객들을 사로잡을 수 없다는 것이다. 그들은 이제 각자의 인생 라이프사이클에 맞춘 개인 금융 주치의를 원하고 있다.

선진국에서는 재력을 갖춘 이라면 3명의 주치의를 둘 것을 조언한다. 당신의 건강을 살필 의료 주치의, 사회적 이해관계에 따른 문제를 해결하기 위한 법률 주치의, 그리고 재정적 안정을 위한 재무 주치의가 그것이다. 이 시대의 재무 설계사, 금융 컨설턴트는 미국 타임지가 선정한 미래 최고의 직업에서도 상위 순위를 차지했다. 이러한 사회적 기대에 부응함과 동시에 고객의 고급화된 수준에 맞춰 최고의 편의와 정보를 제공하기 위해서는 끊임없는 학습과 전문 지식이 필요하다. 더 이상 자신이 소속된 분야에 편중되기보다는 모든 분야를 섭렵하여 이 시대의 금융 컨설턴트 인재 상에 맞는 충실한 자격을 갖춘 전문인이 되어야 할 것이다.

프로로서의 경쟁력을 획득하고, 가망고객에게 양질의 재정 컨설팅을 진행하기 위해서는 자격증을 많이 취득해 놓는 것은 기본이다. 금융 관련 자격증에는 AFPK · CFP · IFP · 부동산경매, 투자분석사, KRPM 매경 부동산자산관리사 등이 있는데 이를 지닌 컨설턴트들에게는 더욱 전문적이고 신뢰할 수 있는 상담을 받을 수 있어, 많은 고객이 이러한 컨설턴트들을 표면적으로는 선호하고 있는 것도 사실이다. 그렇지만 무엇보다 능력 있고 전문성을 겸비하기 위하여 본인의 지적 능력을 향상시키도록 노력하는 태도가 필요하다. 끊임없이 학습하며 지적인 경험을 습득하기 위한 지식을 얻는 3대 방법론이 있다.

3R로 일컫는 Reading Books, Reading Newspaper 그리고 Reading Information이다.

R1 :
Reading Books

일반적으로 정치나 종교, 사상적 목적을 위하여 전 세계를 누비며 폭력 행위를 일삼는 테러리스트들이 있다. 이들의 90% 이상은 이슬람교를 믿는 자들이다. 그러나 이슬람교의 90%는 테러리스트가 아니다. 책을 읽는 이들이 모두 부와 명예를 거머쥔 이 시대의 성공인이 되진 않는다. 그러나 성공한 사람들 90% 이상의 가장 큰 공통적인 특성은 독서광이었다는 것이다. 이 논리는 이슬람교와 테러리스트, 리딩과 성공간의 함수관계처럼 일맥상통한 것이다. 즉, 여러분이 금융영업이나 인생에서 꼭 성공하고 싶다면 여러분은 리딩의 습관을 체득해야만 한다는 것은 떼려야 뗄 수 없는 필수

불가결한 것이다.

　명확한 사실은 리딩과 성공의 상관관계는 분명히 존재한다는 것이다.

　그러면 이는 얼마나 밀접한 것일까? 그들은 왜 책에 미쳤었고 리딩은 그들에게 어떠한 영향을 미쳤을까?

예지력, 판단력, 직관력 :
총괄력을 길러 주는 리딩의 힘

　지난해 11월, 아시아계 여성 최초로 하버드 법대 종신교수로 한 한국인 여교수가 임명되었다. 석지영 교수(37세, 지니 석)는 영어 한마디도 못하던 자신이 오늘날 이 자리에 설 수 있게 된 것은 책을 통해 내 갈 길을 스스로 깨닫게 된 리딩의 힘이었다고 밝혔다.

　그녀의 꿈은 어린 시절부터 습관이 된 책 읽기에서 시작되었다. 6세 때 이민을 온 석 교수는 처음 영어 한마디 하지 못했을 때 어머니가 가장 든든한 후원자가 되어 주었다고 한다. 어릴 적 어머니가 매일같이 자신과 여동생을 동네 도서관으로 데리고 가셨다는 석 교수는 "엄마로부터 책을 찾는 방법을 배우고 스스로 보고 싶은 책을 찾아다녔다. 책 읽기는 어린 나에게 큰 기쁨을 주었고 나만의 즐거운 취미이자 습관이 되었다. 하루 10권씩 읽고 다음 날 반납하기를 반복하며 혼자서 은밀한 배움의 즐거움을 발견하는 기쁨을 누렸다. 독서는 즐거운 것만큼이나 유익한 것이란 걸 어릴 적에 깨달을 수 있었기에 법학자로서의 꿈을 그릴 수 있게 되었다."라고 말했다. 그리하여 예일대 영문과를 졸업한 뒤 옥스퍼드대에서 박사 학위를 받았고 하버드 로스쿨을 졸업하였다. 그리고 마침내 로스쿨의 종신교수가 되었다.

부모의 손을 잡고 미국에 건너온 여섯 살짜리 꼬마 아이가 30년의 세월이 흘러 많은 사람들이 선망하는 하버드대 종신교수가 된 것은 극적인 인생 성공 스토리지만 우연히 만들어진 것이 아니다. 끊임없는 학습과 경험의 축적을 바탕으로 한 성실한 노력으로 오늘날 그녀의 자리에 있게 된 것이다.

인생에서 리딩이란 단순한 책 읽기 습관만으로 그치지 않는다. 책을 통하여 습득되는 지식과 끊임없는 학습과 경험의 축적으로 우리는 판단력, 예지력, 직관력, 총괄력을 자연스럽게 머리와 몸에 익히게 된다. 개인의 지적인 능력을 향상시키고 더불어 사회생활과 인간관계를 위한 직감도 발달한다. 이로써 전반적인 인생에서 보다 확고한 정체성을 가지고, 수준 있는 삶을 누릴 수 있는 기반이 되어 주는 것이다.

성공을 다루고 있는 책 중 널리 알려진, 2007년에 출간된 책《꿈꾸는 다락방》은 전 세계적인 베스트셀러, 론다 번의《시크릿》이라고 불릴 만큼 선풍적인 독서 열풍을 몰았다. 이 책의 저자는 책을 통해 자신이 개발한 R=VD 공식을 독자들에게 알려주고 있다.

R=VD는 Realization=Vivid Dream의 준말로, "자신이 바라는 바를 생생하게 꿈꿀 때 훗날 그 꿈이 이뤄진다."라는 의미이다. 꿈을 생생하게 실현하고자 하는 힘의 중요성을 강조한다. 꿈은 꿈으로 상상만 하기보다는 생생하게 머릿속으로 그리며 현실에서 실행하고자 노력할 때, 그 꿈을 쟁취할 수 있기 때문이다.

이렇듯 우리 금융 컨설턴트들은 좋은 리딩을 통해 성공하는 찬란한 꿈도 만나고 각종 시련을 극복하는 불굴의 의지와도 조우하여 계속 앞으로 전진해 나갈 수 있는 것이다.

당대의
인문·고전을 읽는다는 것

요즘 CEO 사회에는 과히 인문학 열풍이 몰아치고 있다. 왜 그런 것일까? 그들이 시간이 남아 옛날 서적을 뒤적이는 것일까? 아니다. 이유는 인문·고전의 힘이야말로 사람이 현명하게 살 수 있게 하는 판단력과 통찰력을 기르게 하는 힘임을 그들은 알고 있기 때문이다. 어렸을 때부터 주입식 도덕 교육보다는 인문·고전에 대한 교육이 삶을 살아가는 데 훌륭한 교육이 되어 주는 것이다. 부잣집 아이와 가난한 집 아이에게는 차이가 있는데 부잣집 아이들은 인문·고전 책을 접할 기회가 비교적 많지만 가난한 집 아이들은 이러한 분야의 책을 접할 기회가 많지 않다는 것이다. 그렇기 때문에 부자는 더 부자가 되고 가난한 자들은 더욱 가난하게 되는 태생적 한계를 타고나는 것이다.

이러한 견해에 필자 또한 전적으로 동감하는 바이다. 우리나라 최고의 기업인 삼성의 이병철 회장 손자 이재용 사장이 대학 진학 시 경영학과를 택하지 않고 서울대 동양사학과에 진학하게 된 것은 삼성전자의 유망주로, 후계자로 꼽히고 있던 이재용을 위한 할아버지의 조언이 크게 작용했다고 한다. 이병철 회장이 조언하길 "일단 사업은 사람을 아는 것이 가장 중요하다. 경영학은 대학원 진학 후 해외에서도 충분히 배울 수 있다."라며 그 전에 사람을 잘 알기 위해서 인문·고전만큼 중요한 것이 없으므로 꼭 이를 공부할 필요가 있음을 강조하며 동양사학과를 추천했다고 한다.

당대의 인문·고전을 읽는다는 것은 인류 최고 인재들의 사상과 철학이 담긴 보물을 훔쳐내는 것이다. 삶의 근본적인 변화는 사람과 사물의 본질을 꿰뚫는 지혜가 있을 때 생겨난다고 한다. 그들로부터 삶의 지혜를 배우고, 이런 지적인 삶을 향유함으로 스스로가 가진 교양의 질을 높이는 것이 성공하는 금융 컨설턴트로 가는 밑거름이 된다는 것은 너무나 당연한 이치이다. 또한 VIP 고객과의 관계에 있어서도 통찰력과 판단력이 생겨 고객이 무엇을 원하는지 상대방의 마음을 짐작할 수 있는 직관력도 생겨남을 인문·고전을 읽는 컨설턴트들은 알게 될 것이다.

'무無'에서 성공을 일구어 내어
굉장한 부자가 된 사람들

그리스의 타이쿤이라 불리던 20세기 선박왕 아리스토텔레스 오나시스는 남루한 하숙집에 기거하며 주급을 받고 생계를 유지하던 부두 노동자였다. 매일 끼니만 겨우 버틸 수 있을 정도로 가난하고 힘든 직업을 가졌지만, 청년 오나시스는 다른 평범한 부두 근로자들처럼 살아가기를 거부하였다. 열악한 환경에서도 자신 또한 반드시 큰 부자가 되기를 꿈꾸었다. 이를 위해 오나시스는 제일 먼저, 부두 노동자 생활을 하며 3개월 주급을 아끼고 모아서 양복을 한 벌 샀다. 그리고 한 달에 한 번씩 부자들만 가는 고급 레스토랑에 부자 복장을 하고 갔다. 그 고급 레스토랑의 한 끼 식사비는 부두 근로자의 일주일 주급일 정도로 아주 비쌌다. 이를 안 동료들은 오나시스를 나무랐지만 오나시스는 이를 멈추지 않고 꼭 레스토랑에 가서 가장 저렴한 샌드위치와 커피를 한 잔 시켜 놓고 부자들을 지켜보며 자신 또한 그들과 나란히 앉아 디너의 여유를 즐겼다. 부자들의 옷차림, 말하는 법, 행동, 여유 있는 모습 등을 유심히 관찰하며 "나도 여기 있는 부자들처럼, 아니 그 이상으로 꼭 살고야 말겠다."라는 꿈을 키웠다.

오나시스가 고급 레스토랑에서 식사한 것은 단지 부자의 모습이 부러워서였기 때문만은 아니다. 그 힘든 일을 하면서도 열심히 혼자만의 꿈을 키웠던 것이다. 그는 자신이 속해 있던 세상이 전부가 아님을 알고 다른 세상을 보기 원했다. 좀 더 높고 넓은 시야를 가지고 자신이 처한 상황을 개선하기를 원했다. 그래서 그는 다른 가능성과 기회를 찾아 과감히 다른 세계에 발을 들여 놓았고 결국 세계에서 제일가는 부자가 되었던 것이다.

누군가의 성공 에세이를 탐닉한다는 것, 남이 노력한 생활을 엿본다는 것은 게으르기 짝이 없는 행위로 치부될 수 있다. 그러나 이것은 이미 누군가 글로 써 놓은 지식을 가장 공정한 방법으로 공유하는 것이다. 책은 먼저 우리에게 그들의 지식을 제공하길 원하며 당신을 기다리고 있는 것이다.

금융 업계에 종사하는 사람의 감정이 항상 천편일률적일 수 없다. 거래의 성공 혹은 실패에 항상 불안정하게 줄다리기를 하기 때문에 상하좌우 오르내림의 감정 기복이 극심한 것이 사실이다. 이렇게 일적인 스트레스를 받거나 한 번씩 슬럼프에 빠질 때, 선구자들의 노하우와 선 경험이 담긴 책을 읽는 것이야말로 감정을 가다듬고 감정 그래프를 우상향으로 유지할 수 있는 가장 좋은 방법이 된다. 책 한 권에는 수많은 역사가 담겨 있음에도 그 가치나 무게와는 달리 쉽고 간단하게 취하고 언제든지 읽을 수 있다. 그러한 책을 통한 배움은 타인의 성공 비결을 터득하여 가장 간단하고 편리하게 당신의 것으로 만들 수 있는 최고의 수단이 되어주는 것임을 금융 컨설턴트들은 다시 한 번 명심해야 할 것이다.

리딩에서 얻는 지혜 35

우리 주위에는 가족, 친구, 선배, 지인 그리고 멘토 등 힘들거나 난관에 봉착했을 때 조언을 구할 수 있는 사람들이 많다. 그러나 우리 주위의 조언자들이 24시간 우리들을 맞춤형으로 상황에 맞게 조언해 주었을 때 과연 그 해답은 정확한 것일까? 혹시 조언자의 주관적인 생각은 아닐까? 이럴 경우 그 결과를 생각해 보지 않을 수 없다. 그렇지만 명품 책들은 항상 우리 금융 컨설턴트들 옆에서 어떠한 멘토보다도 상황을 정확히 판단해서 더욱 객관적으로 조언 및 그 해결 방향을 제시해 줄 수 있을 것이다. 또한 VIP고객과 컨설팅 시에도 여러분의 소양을 한 단계 높여 그들과 쉽게 눈높이를 맞추는 데 도움을 제공할 것이다. 좋은 책을 리딩하는 것은 과거의 가장 뛰어난 사람과 대화를 나누는 것임을 명심하자.

다음에 소개할 책들은 필자가 필독하여 필자의 VIP 금융영업과 더불어 삶의 전반에 걸쳐 긍정적인 영향을 미친 책들을 엄선한 것이다.

1단계 : 꿈이 있는 삶을 위한 지혜 7서(書)

1. 긍정이 걸작을 만든다 / 윤석금

"코끼리를 냉장고에 넣을 수 있을까?" 이 질문에 많은 사람들은

"어떻게 코끼리를 냉장고에 집어넣을 수 있느냐?"고 반문할 것이다. 그러나 답은 의외로 간단하다. 첫째, 냉장고 문을 연다. 둘째, 코끼리를 집어넣는다. 셋째, 냉장고 문을 닫는다. 대부분의 사람들은 불가능하다고 단정 짓는 '콜럼버스의 달걀'과 같은 맥락의 이야기이다. 코끼리가 들어갈 냉장고가 있는지는 그 다음에 생각할 문제이고 만약 없다면 빅 사이즈의 냉장고를 만들면 된다. 많은 사람들이 시도조차 해 보지 않고 많은 기회를 놓치는 것 같다. 이런 단순한 성공 방법을 바탕으로 저자는 브리태니커 백과사전 외판사원으로 시작해서 자금, 제품, 인력 어느 하나 변변한 것 없이 출판사를 설립하였고, 마침내 웅진그룹의 최고경영자가 되는 세일즈맨의 성공 드라마를 이 책에서 보여 준다. '절대긍정', 그가 말하는 성공의 가장 큰 비결이다. 이 책은 우리에게 절대긍정의 철학, 인생 경영의 노하우 그리고 성공의 통찰력을 배울 수 있게 하는 최고의 모티베이터가 될 것이다.

2. 아웃라이어 / 말콤 글래드웰(Malcolm Gladwell)

0.001%의 성공한 사람들의 그 비결은 무엇일까? 일반적으로는 특별한 재능, 예를 들어 높은 아이큐와 같은 선천적으로 타고난 것이 있을 것이라고 생각할 것이다. 그러나 말콤은 그것에 반박하기 위해 이 글을 썼다.

이 책에서는 엄청난 성공을 거둔 아웃라이어의 성공 비결을 크게 세 가지라고 말하고 있다. 첫째는 노력이다. 어떤 분야에서 일인자가 되거나 전문가가 되기 위해서는 누구든지 1만 시간의 노력을 해야 한다고 설명하고 있다. 천재라 불리는 모차르트도, 빌 게이츠도 이러한 긴 시간의 연습과 노력이 있었다고 한다. 둘째는 교육환경과 가정환경이다. 즉, 주변 환경으로 좁게 말하면 개인 가정의 문제이자 교육환경의 문제이고, 넓게 말하면 문화의 문제이다. 안타까운 일일 수 있지만, 부유한 가정에서 태어난 아이들이 가난한 가정의 아이들보다 더 공부를 잘하게 되고 더 성공하게 된다. 그 이유는 아이큐가 좋아서가 아니라, 부모가 더 많이 공부를 시키기 때문이다. 셋째는 시기적절한 타이밍과 운이다. 빌 게이츠와 스티브 잡스는 시기적으로 가장 적절할 때 태어났기 때문에 컴퓨터 업계를 지배할 수 있었다. 즉 시대적인 타이밍이 절묘했기 때문이다. 또한 그들은 성장기부터 컴퓨터와 가까이 할 수 있는 매우 유리한 환경에서 자라났다. 그들은 노력도 했지만 운도 매우 좋았다는 것이다.

    무엇보다 중요한 것은 전문가가 되기 위한 1만 시간의 꾸준한 노력임을 저자는 특히 강조한다. 시작한 일을 한 달, 두 달 혹은 일 년, 이 년 해 보고 안 되는 일이라고 포기하는 사람들은 본인이 모차르트나 빌 게이츠보다 뛰어나다고 생각하는 사람이다. 모든 성공과 결실에는 최소한 1만 시간 이상의 각고의 노력이 있어야 함을 우리는 잊어서는 안 될 것이다.

3. 오리진이 되라 / 강신장

세상에는 두 종류의 사람이 있다. 바로 오리진(기원자)과 그 나머지 사람들이다. '스스로 처음인 자', '게임의 룰을 만드는 자', '새로운 판을 짜는 자'는 오리진, 즉 기원자가 되어 세상을 지배하고 자신의 운명을 스스로 창조한다. 그리고 나머지는 오리진들이 만들어 놓은 게임의 규칙 안에서 서로 피 터지게 싸우는 이들이다. 이 책은 우리에게 스스로 새로운 가치를 창조하는 자가 될 것을 권하며, 세상의 '오리진origin'이 될 수 있는 통찰력, 그리고 그 아이디어를 구하는 방법을 알려주고 있다. 여러분들에게 금융 마케팅에 있어서 이제껏 없었던 오리진의 방법을 강구할 수 있는 영감을 줄 것이다.

4. 자기 경영 노트 / 공병호

이 책에서는 '자기 경영 어떻게 할 것인가?'에 대한 물음의 해답으로 '좀 더 절박해라', '직업의 가치와 의미를 찾아라', '삶의 철학을 분명히 하라', '분명한 목표를 가지고 살아라', '자기혁신에 몰입하라', '내 인생의 자유를 갈망하라' 등의 총 18가지 실천항목을 제시한다. 또한 모든 사람들이 생각을 가다듬어서 행동으로 옮겨야 할 일이 바로 1인 기업가가 되어 '자기 경영self-management'을 하는 것이라 강조한다. 저자는 1인 기업가에 대한 명확한 의미전달을 위해 프리랜서와 종종 비교해서 설명한다. 프리랜서와 완전히 다른 차이점으로 1인 기업가는 프리랜서에게는 없는 기업가 정신,

브랜드, 고유한 상품을 갖고 있다고 말한다. 또한 1인 기업가는 막연히 회사에서 뛰쳐나와 자신의 전문 직종을 찾는 것이 아니라 현재 자신이 서 있는 자리에서 자기 삶의 주인의 권리를 찾는 것이라고 강조한다. 그리고 성공적인 삶을 위해 '80/20법칙'에 입각해 우리 생활에서 가장 중요한 화두로 꼽히는 시간, 지식, 행복, 건강, 인맥이라는 5가지 키워드에 대해 어떻게 자기 경영과 연결시킬 수 있는지 구체적으로 생각하라고 조언한다.

5. 네 안에 잠든 거인을 깨워라 / 앤서니 라빈스(Anthony Robbins)

세미나에서 강연을 하기 위해 자가용 헬리콥터를 타고, 로스엔젤레스 상공을 날아가다 저자는 문득 눈에 익은 고층 건물이 보여 헬기 조종사에게 그 건물을 선회하도록 지시했다. 그 건물은 엔서니가 불과 10년 전에 청소부로 일했던 바로 그 건물이었다. 수년 전만 하더라도 그 건물에 주방이 없어 화장실에서 그릇을 닦던 저자는 미국 최고의 인생 코치, 세계에서 뛰어난 강연자 10인, 초대형 베스트셀러 작가가 되었다. 그 성공의 비결은 무엇일까? 바로 1.감정을 정복하고 2.건강을 회복하고 3.인간 관계를 정복하고 4.경제력을 정복하고 5.시간을 정복하는 등 감정을 다스리는 법과 능력의 집중을 통해서 내면의 잠자는 거인을 깨우는 것이다. 이 책은 마음을 뜨겁게 움직이는 열정과 인간 심리와 행동의 연결 구조를 정확히 밝혀 여러분의 실질적인 내면 변화를 이끌어 줄 수 있는 충분한 전기를 마련해 줄 것이다.

6. 극복의 힘 Big Yes / 송진구

시련은 누구에게나 찾아오지만, 그 상황에 어떻게 대처하는가에 따라 성공과 실패가 갈린다고 저자는 이야기한다. 또한 성공은 시련의 원인이 된 문제를 피하거나 두려워하지 않고 정면으로 받아들여 극복하려는 자세를 취할 때 얻을 수 있는 열매이며, 이는 우리를 더 단단하게 단련시키고 긍정적인 에너지로 살아갈 힘을 준다는 것을 강조한다. 저자는 성공의 공식으로 성공 = (인정 + 수정) × 열정 + 긍정을 제시한다. 특히 금융 컨설턴트들에게는 치열한 삶의 현장에서 진가를 발휘하는 성공 방법을 알려 줄 것이다.

7. My Life / 빌 클린턴(Bill Clinton)

결손가정에서 소년시절을 보낸 그는 15세 때 아칸소 주 우수학생으로 뽑혀 백악관을 방문하였고, 존 F. 케네디 대통령과 악수하는 기회를 가짐으로써 정치가가 될 것을 결심하였다. 그는 의지와 집념으로 마침내 46세에 미국 대통령으로 당선되었다. 그 후 공화당의 비판과 견제에 대한 이야기와 재선에 성공하기까지의 과정, 르윈스키 성추문 사건 등 정치적 · 개인적 곡절을 이겨내는 과정을 통해 한 인간의 위대한 꿈이 무엇인가를 우리에게 보여 줄 것이다.

2단계 : 훌륭한 세일즈를 위한 지혜 7서(書)

1. 판매의 원리 1, 2 / 브라이언 트레이시(Brian Tracy)

연간 2만 5천 달러를 버는 세일즈맨이 있는가 하면 연간 25만 달러를 벌어들이는 세일즈맨이 있다. 이는 모든 조직에서 통상적으로 볼 수 있는 현상으로 이들의 소득 차는 열 배나 된다. 모두 동일한 상품을 동일한 가격으로 팔고, 동일한 직장에서 동일한 경쟁자와 싸우며, 동일한 시장에서 팔고 있는데도 말이다. 그 차이에 대해 이 책에서는 명확히 설명해 준다. 세일즈 분야에서 경이로운 실적을 올리며 빈털터리에서 일약 백만장자가 되었으며 세계적인 동기부여 전문가인 브라이언 트레이시가 알려주는 최고의 세일즈 전략. 30년간 세일즈 현장에 몸담아 오면서 직접 경험했던 사례를 바탕으로 쓴 이 책은 성공 자서전인 동시에 간결하고 강력하게 알려주는 세일즈 지침서이다. 직접적으로 세일즈에 종사하는 사람뿐만 아니라 삶에 있어서 새로운 전환기를 맞고 있는 사람에게도 많은 영감을 줄 것이다.

2. 세일즈 슈퍼스타 / 브라이언 트레이시(Brian Tracy)

미국 내에서 가장 영향력 있는 10인의 강사 중 한 사람인 브라이언 트레이시가 정립한 세일즈 성공 원칙 21가지를 담은 책이다. 그가 말하는 21가지 원칙은 탁상공론의 이론이 아니라 효과가 실질적으로 입증된 간단명료한 방법론이다. 일류 세일즈맨이기도

했던 저자의 실질적인 세일즈 방법과 테크닉 두 면을 모두 다루고 있다.

3. 세일즈 불변의 법칙 / 조 지라드(Joe Girard)

12년 연속 기네스북에 오른 조 지라드식 판매 비결이 담긴 책으로 세일즈 불변의 법칙을 담고 있다. 세계 최고의 자동차 판매 왕 조 지라드가 망설이는 고객을 설득하여 판매를 성사시키는 데 활용한 비결이자 최첨단 디지털 시대에도 변하지 않고 적용 가능한 세일즈 불변의 법칙으로 1.고객의 경계심을 누그러뜨리고 거부반응을 없애는 방법 2.고객에게 제품이 아니라 자기 자신을 파는 방법 3.판매 간주의 기법 4.고객의 구매의사를 재빨리 읽는 방법 5.고객의 거부반응을 제품의 관심으로 돌리는 방법 6.구매 결정을 못 내리는 고객을 설득하는 방법 7.주도권을 잡는 방법 등 12가지 세일즈의 바이블을 소개하고 있다.

4. 영웅의 꿈을 스캔하라 / 김광호

이미 성공한 이들을 분석하여 실패는 줄이면서 영웅으로 거듭날 수 있는 지름길을 찾는 방법을 제시하고 있다. 저자는 '영웅처럼 생각하라', '간절히 원하라', '시련은 기회다', '모방하라, 철저히 모방하라', '먼저 공격하라', '목숨 걸고 혁신하라', '배고픔을 기억하라', '크게 생각하고 작게 실천하라'와 같이 영웅이 되는 지름길을 8단계로 설명한다. 저자는 IMF 이후 실직하여 600일 동안 매일 A4용지 몇 장에 인이 배길 정도로 글을 적고 노력했다. 정말 '피나는 노력이 있어야 한 분야에 우뚝 설 수 있다'는 단순하지만 변하지 않는 진리를 다시 느끼도록 우리에게 교훈을 주는 책이다.

5. 성공론 / 존 템플턴(John Templeton)

위대한 지도자와 운동선수, 탐험가, 과학자, 발명가, 기업인 모두 실수를 했고, 어떤 형태로든 실패를 경험했다. 그러나 이들은 자신의 실패를 어느 누구의 탓으로도 돌리지 않았기 때문에 위대해질 수 있었다. 이들은 자신의 실수를 배움의 기회로 삼았다. 이들은 실패란 일시적인 것이지 영원한 패배를 의미하는 게 아니라는 사실을 알고 있었다. 실패의 쓴맛에 굴복하지 않고 성공의 단맛을 향해 계속 분투했던 것이다. 패배를 우리가 경험에서 배우려고 한다면 패배는 우리에게 일어난 최고의 좋은 일 중의 하나일지도 모른다는 삶의 철학을 이 책은 담고 있다. 우리 삶의 수많은 가능성 가운데 의미있는 하나를 발견해 내는 것이 바로 성공이며, 하나의 목표를 추구하며 노력하는 데서 행복은 저절로 찾아온다고 존 템플턴은 말한다. 즉, 성공은 목적지가 아니라 여정이며, 행복은 무엇을 '얻는 것'이 아니라 '주는 것'이라는 게 저자의 설명이다.

6. 김미경의 아트 스피치 / 김미경

미국 대통령으로 오바마가 당선된 이후 서점가에 한동안 오바마 책들이 홍수를 이루었다. 그중 스피치와 관련된 책들이 가장 많이 팔렸다고 한다. 그의 스피치가 얼마나 절실했으며, 당선에 어떤 영향을 미쳤는지를 조목조목 분석한 책들이다. 대중적인 스피치 강사인 저자가 콘텐츠 스피치, 뮤직 스피치, 비주얼 스피치 등 '아트 스피치' 기술을 소개한다. 스피치는 콘텐츠·청중·공간·언어·채색·몸짓 언어가 잘 짜여 있어야 성공할 수 있다. 때문에 이 책에서는 진실한 콘텐츠를 만드는 법에서부터 공감을 얻기 위해 청중을 파악하는 방법, 목소리의 강약·장단·리듬 등을 통해 생각을 입체적이고 효과적으로 표현하는 방법 그리고 표정이나 시선처리, 제스처와 같은 비주얼을 통해 청중의 마음을 움직이는 법 등을 알려주어 성공적인 스피치의 길로 우리를 안내하고 있다.

7. 영업의 고수는 어떻게 탄생되었는가? / 마이클 달튼 존슨 (Michael Dalton Johnson)

이 책에서 언급되는 영업은 협상과 설득, 인간관계 맺음에 대한 것에서부터 인간 심리에 대한 세부적인 내용까지 폭넓은 범위를 아우르고 있다. 특히 다음의 부분들은 세일즈맨들이 깊이 새길 부분이다.

세일즈는 '물건을 파는 것이 아니라 가치를 파는 것이다', '체험을 제공하라', '전화 세일즈 노하우', '위험부담을 낮춰라', '세일즈에 급급하지 말고 대화를 시작하라', '고객의 아픈 부분을 알아내라', '핵심만 전달하라', '고객의 말을 들어라', '상황이 어려울수록 한층 강하게 나가야 한다', '얼마만큼이 아니라 어떻게 깎아 줄 것인가?.

　고전적인 세일즈 기법은 더 이상 먹히지 않는다. 더욱이 그런 기법은 고객들도 훤히 간파하고 있다. 누구나 다 아는 세일즈 전략으로 승부하려 든다면 경쟁에서 뒤처지고, 결국 초라한 자리로 밀려날 뿐이다. 차별화되지 않은 세일즈맨에게서 차별화되지 않은 제품을 구입하고 싶은 고객이 있을까? 이 책은 미국 최고 세일즈 전문가 45인의 특별한 세일즈 기법과 집요한 열정 그리고 새로운 환경을 헤쳐 나가는 날카로운 통찰력을 담아 놓은 책으로 세일즈맨이 아니더라도 누구든 알아두면 좋은 내용을 담고 있다.

3단계 : 풍요로운 삶을 위한 지혜 7서(書)

1. 부자들의 음모 / 로버트 기요사키(Robert Toru Kiyosaki)

　미국교육위원회의 설립 목적은 교육 수준을 높이기 위한 것이 아니라 교육의 방향을 그들이 원하는 대로 바꾸고자 하는 데 있다. 그들의 목표는 학교를 통해 사람들을 규칙에 순응하도록, 지배자에게 복종하도록 길들이고 가르치는 것이다. 그들이 추구하는 바는 예나 지금이나 같다. 관리감독과 지시에 따라 생산적으로 일하는 시민을 양산하는 것이다. 권위를 의심하는 태도, 교실에서 가르치는 것 이상으로 알고 싶어 하는 태도는 꺾어 버려야 한다. 진정한 교육은 엘리트 지배계급의 자녀들에게만 제공한다.

학교에서 돈에 대해 가르치지 않고 규정과 규칙만 가르치는 것은 부자들의 교육에 대한 음모 중 하나라고 저자는 이야기한다. '부자 아빠 가난한 아빠'로 유명해진 로버트 기요사키는 부자가 된 이유를 그들만이 알고 있는 '돈의 규칙'을 공유해 왔기 때문이라고 말한다. 이 책은 금융위기에 수많은 사람들이 파산할 수밖에 없었던 이유를 '부자들의 음모'에서 찾고 있다. 부자들이 자신들의 부를 채우기 위해 사람들에게 어떤 규칙을 퍼뜨렸는지 낱낱이 파헤쳐 폭로한다. 이 책은 돈과 부에 대한 새로운 시각을 여러분에게 제시할 것이다.

2. 현명한 투자자 / 벤자민 그레이엄(Benjamin Graham)

이 책은 투자의 귀재 워렌 버펫이 최고의 투자서로 꼽은 전 세계 스테디셀러이자 문학의 '죄와 벌' 같은 책이다. 투자의 고전으로 자리 잡은 이 책은 주식의 분석이나 매매 기법들보다는 올바른 투자원칙과 투자자의 마음자세 등에 그 초점을 맞추었다. 투자와 투기에 관해 이야기한 다음, 투자자와 인플레이션, 지난 1세기 동안 주식시장의 역사, 방어적인 투자자와 적극적인 투자자 각각에 맞는 포트폴리오와 주식 등을 자세히 설명한다. 특히 바람직한 종목을 선별하는 방법, 투자자들이 저지를 수 있는 실수 그리고 투자자들이 믿고 따를 수 있는 투자 원칙을 명쾌하게 설명하고 싶어 하는 금융인이라면 꼭 읽어야 할 필독서다.

3. 절박할 때 시작하는 돈 관리 비법 / 데이브 램지(Dave Ramsey)

사람들은 매달 약 495달러의 자동차 할부금을 내는 것을 당연하게 생각한다. 때가 되면 새 차를 사고 그때마다 또 새로운 할부금을 만드는 대신 그 돈으로 투자를 한다면 어떨까?

25세부터 매달 495달러씩 투자한다면 65세 때 당신 손에는 낡은 중고차가 아닌 약 6백만 달러의 현금을 쥘 수 있게 될 것이다. 직접 한번 계산해 보라고 저자는 이야기한다. 어려운 재테크 공식이나 기적의 마술을 알려 주는 책이 아니라, 자신의 행동이 변해야만 통장잔고가 변한다는 단순명쾌한 진리를 알려주고 있다. 저자는 돈 문제의 핵심이 '나'라는 사실을 꼬집으며 '내'가 변해야만 부자가 될 수 있다고 정곡을 찌르는 조언을 한다. 고객의 재무관리 기본 로직logic을 여러분들에게 알려 줄 것이다.

4. 재테크의 거짓말 / 홍사황

저자는 개미 투자가들이 금융시장에서 돈을 벌 수 있는 비결은 거의 없다고 말한다. 어쩔 수 없는 현실이지만 전문가들은 단시간에 성과를 내야 한다. 단기 수익률이 어느 정도인가에 따라 개미 투자가들이 추종하고 열광하기 때문이다. 기업의 가치를 보고 1년이든 3년이든 꾸준히 기다리라고 말하는 전문가는 대접을 못 받는다. 그래서 일반 투자가들의 눈에 들려면 그들의 입맛에 맞는 먹잇감, 즉 테마주, 유행주, 급등주를 알려 주어야 한다는 것이다. 마치 가요계의 아이돌 같은 입장이 되어서 말이다. 그렇기 때문에 한두 번은 적중하더라도 장기적으로는 안정적 수익을 내기 힘들다는 것이다. 결론적으로 극대수익을 보장하는 절대 투자 비법이라는 것은 없다는 것이다. 고수익을 원한다면 당신의 삶을 위험이 가득한 풍랑에 맡기려는 각오를 해야 한다는 것이다. '나도 부자가 될 수 있다!'라는 재테크의 환상에 빠진 사람들이 흔히 속아 넘어가는 주식, 부동산, 저축, 금융기관의 거짓말 네 가지를 예리하게 파헤치며 흔히 '재테크 비법'이라고 알려진 것들에 속지 않고, 당하지 않는 객관적 재테크의 원칙을 알려 준다.

5. 이웃집 백만장자 / 토마스 J. 스탠리, 윌리엄 D. 댄코(Thomas J. Stanley, William D. Danko)

1,000명의 백만장자들의 생활 습관을 20년간 연구하다가 정작 본인이 백만장자가 되었다는 저자는 PAW(막대한 부를 축적한 백만장자), UAW(현재 부를 축적 중인 사람), AAW(어느 정도 부를 축적한 사람)라는 개념으로 이야기를 풀어 나간다. 저자는 부자에 대한 일반적인 인식이 상당히 왜곡되어 있음을 지적하며, 이 책 안에 백만장자들이 지닌 7가지 공통점을 공개한다. 그 공통점은 다음과 같다. '소비는 적게 나머지는 모두 투자하는 생활 습관', '시간, 돈, 에너지를 효율적으로 배분', '사회적 지위보다 경제적 독립을 중요시', '부모의 도움 없이 부를 축적, 이를 자녀 교육에도 적용', '가족들에게 경제적 자립 유도', '새로운 시장 기회에 대한 적극적인 공략', '자영업이나 전문직에 종사'이다. 부자 고객의 심리 및 그들

의 일상을 파악하는 데 많은 도움이 되는 책이다.

6. 시골의사의 주식투자란 무엇인가 1, 2 / 박경철

'시골의사'라는 필명으로 더 알려진 저자는 개인 투자가 주식투자의 실패이유는 대부분 초심자의 행운 때문이고, 이는 도박에 중독되는 경우와 아주 유사하다고 본다. 그리고 의견이 많을수록 자신의 합리적이고 비판적인 이성을 잃게 된다는 것이다.

> 기술적 분석은 과거의 걸음을 기준으로 미래를 예측하는 것이다. 그것은 기본적으로 틀린 것을 전제로 한다.
> 개인 투자가 성공할 수 있는 가장 좋은 시나리오는 활황을 기다려 투자하고 목표이익을 달성한 후 시장에서 완전히 손을 빼는 것이다. 그것이 얼마나 어려운지는 도박을 해 본 사람은 알겠지만….
> 시장은 혹독하다. 시장에서 이길 가능성은 제로에 가깝다.
> 주식은 투기다. 초심을 유지하라. 당신은 타짜와 도박을 하지 않으면서 주식을 하는 이유는 당신이 주식시장을 우습게 보는 것이다.
> 주식투자의 목표는 시장의 평균 수익률을 이기는 것이다.
> 겸손은 나의 가장 큰 무기며, 유일한 무기임을 명심하자.
> - 본문 중에서 -

이 책은 투자 방법론이 아니라 투자 철학이나 원론에 가까운 이야기들을 주로 다룬다. 주식시장의 본질은 무엇이며, 무엇이 시장을 움직이는지, 무엇으로 투자를 결정해야 할지 등을 이야기한다. 시장에 맞서거나 이기려 하지 말고, 시장의 흐름에 몸을 맡기라고도 조언한다. 이 책을 읽으면 금융 컨설턴트들은 끊임없이 진화하는 금융시장을 통찰하는 직관과 혜안, 변화에 대응하는 유연성을 갖출 수 있을 것이다.

7. 검약론 / 새뮤얼 스마일즈(Samuel Smiles)

어떤 상황에서든 성공할 수 있는 보증수표 같은 원칙이 있다. '먼저 의무를 다하라! 그 다음에 즐겨라!' 사람들이 성공하지 못하는 이유는 자기절제와 상식이 부족하기 때문이다. 최악의 좌우명은 이렇다 '우선 즐겨라! 그러고 나서 일하고 의무를 이행하라!'

    검약을 실천하는 방법은 아주 간단하다. 버는 것보다 적게 소비하라. 현금으로 지불하고 어떤 이유든 빚을 지지 말라. 불확실한 이익을 기대하여 돈을 쓰지 말라. 기대했던 이익이 없을 경우 절대 되돌릴 수 없는 빚만 잔뜩 떠안게 될 것이다.

    모든 성공의 비결은 자신을 거절하는 방법을 아는 것이다. 자신을 다스리는 방법을 배울 수 있으면 최고의 스승으로 삼아도 좋다. 당신이 자신을 조절할 수 있다는 것을 내게 증명해 보라. 그럼 교육받은 사람이라고 말해주겠다. 자신을 다스릴 줄 모르는 사람에게 다른 교육은 아무 소용도 없다.

    - 본문 중에서 -

영국 작가 새뮤얼 스마일즈의 검약론은 인격론과 자조론에 이은 베스트셀러 자기계발서 삼총사로서, 현재의 재테크 서적들이 현실적인 재테크 방법을 말하는 것이라면 이 책은 왜 재테크를 해야 하는지에 대한 이유, 즉 재테크의 철학을 담고 있다.

4단계 : 예지력, 직관력, 판단력 있는 삶을 위한 지혜 7서(書)

1. 사기 / 사마천(司馬遷)

《사기》가 쓰여진 지 2천 년의 세월이 흘렀지만 아직도 사람들에게 많이 읽히고 흥미를 주며 인문·고전학의 백미로 손꼽히고 있다. 그 비결은 무엇일까? 저자 사마천이 남자의 치욕인 궁형宮刑을 당하면서 끝까지 완성한 한 인간의 의지 때문일까? 그것은 《사기》가 역사적이면서도 생생한 인간을 탐구하는 인간학의 백과사전 역할을 해 왔기 때문이다. 말하자면 근세 경영학의 교과서인 것이다. 《사기》는 격동기에 산 인간과 온갖 인간관계를 설명한 책으로서, 그 속에 인간에 관한 모든 자료가 들어 있어 필요할 때마다 꺼내 보고 거울삼아 사는 방법과 지혜를 그 시대 인물로부터 배울 수 있기 때문이다. 《브리태니커 백과사전》, 《성경》과 함께 죽기 전에 보아야 할 인류 필독서 3권 중 한 권이다.

2. 화폐전쟁 / 쑹훙빙(宋鴻兵)

케네디 대통령 암살사건은 아직 진행형이다. 2003년 케네디 40주년을 맞아 실시한 ABC 방송국 조사 결과 미국인의 70%는 이 사건을 거대한 음모라고 생각하고 있다고 한다. 케네디 암살 후 3년 만에 18명의 결정적인 증인이 연이어 사망했다. 그중 여섯 명은 총에 맞아 죽었고, 세 명은 자동차 사고로 사망했으며, 두 명은 자살, 한 명은 목이 잘리고, 한 명은 목이 졸려 죽었다. 그리고 다섯 명은 자연사했다. 영국의 한 수학자는 이런 우연이 발생할 확률은 10경 분의 1이라고 했다. 이 외에도 1963~1993년까지 115명이나 되는 관련 증인이 각종 기이한 사건으로 자살하거나 피살되었다. 저자는 케네디 암살사건의 동기를 1960년대와 1970년대 국제 금융 재벌들이 세계적으로 황금과 은이라는 성실한 화폐를 몰아내고, 미국 중앙은행의 발권력을 확보하려 한다는 음모로 보고 있다. 책의 내용이 픽션이냐 논픽션이냐를 두고 전 세계적으로 많은 논란의 대상이 된 것도 사실이지만, 금융 관련 일을 하는 사람이라면 반드시 일독을 권한다.

3. 인문의 숲에서 경영을 만나다 / 정진홍

언론인 얼 쇼리스Earl Shorris는 뉴욕의 한 교도소에서 살인죄에 연루돼 8년째 복역 중인 비니스라는 여 죄수와 마주 앉는다. 그리고 물었다. "사람들이 왜 범죄를 저지르고 가난하다고 생각하는가?" 다소 판에 박힌 질문에 여 죄수는 "우리가 살았던 할렘가엔 정신적 삶이 없기 때문이다."라고 대답했다. 여 죄수의 말이 종교적인 것을 뜻할 것이라고 생각한 얼이 "정신적 삶이 뭐냐?"라고 재차 묻자 "극장, 연주회, 강연, 책 같은 것이죠. 그냥 인문학이요."라는 대답이 돌아왔다. 그렇다. 범죄와 빈곤은 밥과 돈의 문제가 아닌 정신의 문제이자 자존감의 문제였던 것이다. 이처럼 인문학의 문제는 자유로워지기, 일상을 새롭게 생각해 보기, 과거에 짓눌리지 않기, 돌파구 찾기, 무기력의 포위망에서 벗어나 일상을 자율적이고 자신 있게 시작할 수 있도록 이끌어 주는 힘의 원천인 것이다. 이 책은 10가지의 주제를 인문학적 깊이를 통해 여러 일상의 본질을 꿰뚫어 볼 수 있게 하는 통찰력을 여러분에게 제시할 것이다.

4. 50번째 법칙 / 로버트 그린(Robert Green)

교활한 기회주의자가 되어 반전에 성공하라 ― 기회 창출의 법칙
사악하게 행동해야 할 때를 포착하라 ― 공격성의 법칙
현실주의자의 눈으로 세상의 이면을 꿰뚫어보라 ― 강렬한 현실주의의 법칙
타인에게 의지하는 불행한 노예가 되지 마라 ― 자주성의 법칙
예측 불가능한 전략으로 적을 혼란시켜라 ― 계산된 추진력의 법칙
성공의 정점에 오르는 순간 과감해져라 ― 권위의 법칙
당신의 적보다 오래 견디어 내라 ― 숙달의 법칙
죽음과 삶에 대한 두려움을 극복하라 ― 숭고함의 법칙

- 본문 중에서 -

군주론의 저자 마키아벨리의 현대 환생이라고 일컬어지는 저자 로버트 그린은 인간의 본성을 극한까지 파고들어 적나라하게 해부해 낸다. 처세술과 리더십에 관한 책으로, 상대에게 무조건적인 호의나 선의를 베풀어 자신을 치장하기보다는 사악하게 행동해야 할 때를 포착해 단호하게 행동하는 편이 자신에게 훨씬 도움이 된다고 조언하고 있다. 여러분이 매니저 일에 도전할 의사가 있거나 현재 그 일을 하고 있다면 분명 영감을 얻을 수 있는 책이다.

5. 세상을 보는 지혜 / 쇼펜하우어(Arthur Schopenhauer)

기다림을 배워라. 급한 열정에 휩쓸리지 않을 때 인내를 지닌 위대한 심성이 드러난다. 사람은 먼저 자기 자신의 주인이 되어야 한다. 그런 다음에야 타인을 다스리게 될 것이다. 길고 긴 기다림 끝에 계절은 완성으로 가져오고 감춰진 것을 무르익게 한다. 신은 우리를 채찍으로 길들이지 않고 시간으로 길들인다. 시간과 나는 또 다른 시간 그리고 또 다른 나와 겨루고 있다.

- 본문 중에서 -

사람들과 의견이 다르다는 것, 그 하나만으로도 사람들은 충분히 모욕적이라고 생각할 수 있다. 의견이 다르다는 것은 다른 사람들의 판단을 비난하는 게 되기도 하기 때문이다. 그러나 진실은 소수파에 있을 때가 많다. 이 세상은 기만으로 가득 차 저속한 악마와 그리 차이가 없다. 남들 앞에서 하는 말만 듣고는 누가 현명한 사람인지 가려낼 수 없다. 현명한 사람도 속으로 비난하면서 어리석은 대중 앞에서 그 본심을 감추고 남들과 똑같은 말만 하기 때문이다. 즉 현명한 사람은 입을 다물고 생각을 깊이 감추어 둔다. 그들이 속에 감추어 둔 생각을 드러내는 것은 세상을 깊이 이해하는 소수의 사람들과 대화할 때뿐이다. 이렇듯 쇼펜하우어는 이 책에서 생각할 때는 소수파, 말할 때는 다수파로 행동하는 것이 현명한 길임을 우리에게 알려주고 우리가 살아가는 데 필요한 실용적인 지침과 순간순간 삶의 방향을 찾아갈 수 있도록 도와준다.

6. 정관의 치 / 멍셴스(孟憲實)

화살로 태자인 친형과 아우의 목을 꿰뚫어 쏴 죽이고 형제의 피를 뒤집어쓰며 옥좌에 앉은 당 태종 이세민. 그러나 그가 '중국 역사상 가장 뛰어난 군주'로 줄곧 평가되는 이유는 그런 과정을 거쳤을지언정 훌륭한 정치를 폈기 때문이다. 어떻게 그럴 수 있었을까? 그는 우선 교만하지 않았다. 28세라는 한창 나이에 천하의 주인이 되었으니 마음을 턱 놓고 권력과 사치에 잠길 만도 하건만, 태종은 반대로 근검절약을 생활화하고 황족과 대신들도 이를 본받도록 했다. 또 사람 쓰는 일에 신중했고 교묘했다. 우리가 살고 있는 현대의 비즈니스 세계에서도 시공을 초월한 교훈과 가르침을 받을 수 있는 이세민의 치세(治世)를 우리는 이 책을 통해서 배울 수 있다.

7. 위대함에 이르는 8가지 열쇠 / 진 랜드럼(Gene. Landrum)

위대함에 이르는 8가지 열쇠? 그 8가지 열쇠는 수많은 돈, 자신의 전 재산으로도 살 수 없는 것이다. 8가지 열쇠를 구하고 싶다면, 자신의 능력과 자신의 인품, 마음을 잘 다스리는 것만이 8가지 열쇠를 알아 낼 수 있다고 저자는 말한다.

카리스마, 승부 근성, 자신감과 자아 존중감, 의욕, 직관, 반항과 모험, 끈기 이것이 바로 8가지 열쇠인데, 이 8가지 열쇠를 모두 찾아낸 정치지도자, 기업가, 인권운동가, 예술가, 과학자, 운동선수 등 모두 여섯 분야에서 최고의 자리에 오른 48명의 인물을 소개하고 있다. 우리들에게 성공의 로드맵을 다시 상기시켜 주는 책이다.

5단계 : 지적인 삶을 위한 지혜 7서(書)

1. 인생을 최고로 사는 지혜 / 새뮤얼 스마일즈(Samuel Smiles)

모래알을 쌓아 산맥을 이루는 삶을 살아라
작은 일들이 위대함의 씨앗이다
무시해도 될 만큼 사소한 일이란 없다
기회가 없다면 스스로 기회를 만들어라
과감하게 결정하고 밀어붙여라
끊임없이 생각과 사실을 기록하라

참아라, 세상이 바뀔 것이다

진실은 처음엔 조롱당하기 마련이다

목숨을 걸고 문제를 철저히 파헤쳐라

자기 분야 최고의 전문성을 키워라

끈기가 천재를 이긴다

- 본문 중에서 -

자기 분야에서 최고의 성공을 이룬 사람들, 권력을 성취한 사람들의 삶을 하나로 꿰뚫는 성공의 법칙과 비밀을 알려준다.

2. 행복의 조건 / 조지 베일런트(George Vaillant)

하버드대학교 연구팀은 1930년대 말에 하버드 대학교에 입학한 2학년생 268명의 삶을 72년간 추적하여 행복의 조건을 추적하였다. 이 실험을 통해 사람의 힘으로 통제할 수 있는 행복의 조건 7가지를 50대 이전에 얼마나 갖추었느냐에 따라 행복이 좌지우지된다는 것을 알아내었다. 50세를 기준으로 이 7가지 가운데 5~6가지를 갖춘 106명 중 50퍼센트가 80세에 '행복하고 건강하게' 살고 있었고, 그들 가운데 '불행하고 병약한' 이들은 7.5퍼센트에 그쳤다. 반면 50세에 3가지 이하를 갖춘 이들 중 80세에 행복하고 건강한 사람은 아무도 없었다. 그리고 4가지 이상의 조건을 갖춘 사람보다 80세 이전에 사망할 확률이 3배 높았다고 한다. 그럼 7가지의 행복의 비밀은 무엇일까? 첫째, 고통에 대응하는 성숙한 방어기

제. 둘째, 끊임 없는 교육. 셋째, 건전한 성생활. 넷째, 금연. 다섯째, 금주. 여섯째, 지속적 운동. 일곱째, 알맞은 체중이다. 이제 여러분 스스로 자기의 미래행복 지수에 대한 현재 스코어링을 체크해 보아라. 그리고 반성하자.

3. 인생이란 무엇인가 1, 2, 3 / 톨스토이(Lev Nikolayevich Tolstoy)

적에 대해서도 악을 행하지 말 것, 이것이야말로 가장 큰 선덕이다. 남을 멸하려는 자는 반드시 스스로 파멸한다. 악을 행하지 말라. 가난은 악을 정당화할 수 없다. 만일 악을 행하면 더 가난해지리라.

사람들은 적의 악의에서 비롯된 악으로부터 몸을 피할 수 있지만 자신의 죄악에서 생기는 악으로부터는 결코 달아날 수 없다. 그것은 물체에 따르는 그림자처럼 그들의 뒤를 따라와 결국 그들을 멸망시킬 것이다. 슬픔에 쫓기기를 바라지 않는다면 남에게 악을 행하지 말라. 만일 자신을 사랑한다면 아무리 작은 악일지라도 행해서는 안 된다고 저자는 말한다.

위대한 문호이자, 인간과 진리에 대한 천착穿鑿에 온 생애를 바친 톨스토이의 마지막 저작이며 치밀한 구상과 세심한 고찰을 거쳐 15년 만에 집대성한 필생의 대작으로 문호 솔제니친은 "이 세상에서 단 한 권의 책만 가지라 하면 나는 주저 없이 이책을 선택하리라"고 극찬한 책이다. 여러분에게 반드시 일독을 권한다.

4. 완벽의 추구 / 탈 벤 사하르(Tal Ben Shar)

"우리는 수없이 정상을 도전하지만, 매번 허무함만 맛본다. 성장과 만족이 없는 성취, 이것은 벌이나 마찬가지다. 그런데 벌을 자청하는 사람들이 있다. 그의 이름은 완벽주의자다." 책의 서두는 이렇게 시작하고 있다. 하버드대 최고의 긍정심리학 교수인 탈 벤 사하르는 우리가 행복하지 못한 원인을 우리 사회에 넘쳐나는 '완벽주의에 대한 강요' 때문이라고 말한다. 지나친 완벽에 대한 강요가 사람들을 실패에 대한 극도의 두려움으로 이끌고, 이 때문에 새로운 도전을 하지 않고 모험을 멈추어 버린다고 한다. 그러므로 완벽주의자보다는 완벽하지 않은 사람 즉 최적주의자가 되라고 조언한다. 여러분들도 이제껏 하고 싶어 하면서도 망설이는 것이 무엇인가 생각해 보아라. 그리고 지금 그 일을 하자! 연극 오디션을 보거나, 데이트 신청을 하거나, 쓰고 싶던 책을 쓰거나, 미루어 왔던 가망고객에게 전화를 걸자. 지금 당장하자! 당당한 최적주의자가 되어서.

5. 수신제가 / 강희(康熙)

강유병거剛柔幷擧 즉 강인함과 유연함을 함께 사용하라. 이 말은 중국에서 전통적으로 내려오는 마음을 다스리는 도가道家 가운데 가장 중심이 되는 사상이다. 즉 유연함과 강함을 함께 베풀고, 약함과 강함을 함께 사용하라는 것을 뜻한다.

이 책의 주인공 강희제는 이 도리를 성공적으로 운용한 사람이었다. 8살의 어린나이로 황상에 올라 61년간 천하를 호령했다. 후대의 역사가들은 강희제를 천하를 통치한 황제 가운데 가장 명철한 군주라고 칭송한다. 그 비법은 강유병거의 관점에서 자신을 다스리는 36가지 수신제가에 있다. 최적의 자기관리를 원한다면 강희제의 36가지 성공 비결을 읽어보길 바라며, "아주 큰 사각형은 모서리가 없으며 큰 그릇은 늦게 만들어지고, 커다란 음은 그 소리가 미미하며, 아주 커다란 모습은 그 형체가 없다"는 이 책의 교훈도 마음 속 깊이 새겨두길 바란다.

6. 제자백가 / 김영수

중국 사상에는 신비한 힘이 있다. 어느 때는 사람을 가르쳐 인도하고 어느 때는 사람을 격려해 위로한다. 인문고전들이 수천 년에 걸쳐 이미 헤아릴 수 없이 많은 사람을 가르쳐 인도하였고, 때로는 격려하고 위로했다는 사실이, 우리가 의식하지 못하는 사이 이미 우리 마음속에서 자리 잡고 있다.

제자백가諸子百家 춘추전국시대(기원전 770~403년) 수많은 학파 사상가들로서 전통적인 예를 강조하는 유가 사상을 대표하는 공자, 맹자, 순자, 공리주의를 주장한 묵가, 인간인식과 언어논리를 분석한 명가, 무위자연을 내세우는 도가사상의 대표주자 노자, 법치주의를 강조하는 법가사상의 한비자 등 자연철학과 인간계를 넘나들며 사람과 사물이 성립하고 변화하는 현상을 설명하는 수작이다. 어떤 독자들은 VIP마케팅과 중국 인문고전이 대체 무슨 관계가 있냐고 반문할 수도 있을 것이다. 그렇지만 검증된 인문고전을 통해 사회, 문화, 정치, 경제, 인간사 등 인생의 예지를 배우는 것이 단순한 마케팅 기술을 습득하는 것보다 자연스럽고 깊게 VIP고객과 동화될 수 있는 지름길임을 이 책을 리딩하는 독자들은 자연히 알게 될 것이다.

7. 위대한 통찰 / 피터 드러커(Peter Drucker)

현재 세계가 직면하고 있는 경제위기는 피터 드러커의 관점에서 보면, 중대한 불연속 또는 단절을 내포하고 있다. 저자는 산업화 시대에서 정보화 지식경제 사회로의 전환을 20세기 말엽에 세계가 직면한 중대한 단절의 시대라고 보고 있다. 21세기 세계가 직면한 금융위기, 경제침체는 또 다른 단절에 세계가 눈을 뜨게 하려는 사안이라고 해석하며 이러한 단절은 새로운 현실을 직시하여 혁신을 도모하는 우리 지식근로자들에게 무한한 기회를 제공하게 될 것임을 설명한다. 특히 현재의 위기를 타파하기 위해서 저자는 우리에게 다섯 가지의 질문을 던진다. 첫째, 우리의 미션은 무엇인가? 둘째, 우리의 고객은 누구인가? 셋째, 우리 고객이 추구하는 주된 가치는 무엇인가? 넷째, 우리의 결과물은 무엇이어야 하는가? 다섯째, 이를 달성하기 위한 우리의 계획은 무엇이며 가장 효과적인 프로그램은 무엇인가?

현대 역사상 가장 영향력 있는 경영사상가이자 경영의 아버지로 인정받는 저자로부터 우리는 마케팅부터 리더십까지 경영의 모든 요소를 총망라하는 그의 식견과 통찰력을 배울 수 있을 것이다.

위에서 열거한 명품 책 35에서 보듯이 우리는 탁월한 책들만 골라 한쪽 분야에 치우치지 않게 리딩하여야 한다. 실제로 세상에 나오는 책 중에 일부분은 단순히 사람들의 호주머니에서 돈을 후려내기 위한 목적으로 인쇄되기도 한다. 이러한 열악한 책을 읽고 그것에 쓰여 있는 것을 맹신하기보다는 차라리 한 권의 책도 읽지 않는 편이 낫다. 열악한 책은 사람을 마비시키는 것 이 외에 다른 능력이 없는 정신적 독약이기도 하다. 따라서 우리는 여러 사람들의 검증을 받은 걸출한 명품 책을 선별하는 능력을 기르도록 해야 하며, 그것을 리딩하고 탐구하고 익히는 데 온 힘을 쏟아야 한다.

R2 :
Reading Newspaper

시사 · 경제 분야에 지속적인 관심을 가져야 하는 것은 금융 컨설턴트에게는 필수적 항목이다. 사회 · 정치 · 경제 분야의 필수 정보와 흐름을 가장 한 눈에 보기 쉽게 집약적으로 만들어 놓은 매체가 바로 매일 아침 발행되는 신문이다.

독서와 마찬가지로 성공하는 사람들의 하루는 동일하게 시작된다. 매일 발행되는 신문을 가장 먼저 읽는 것이다. 하루의 시작을 신문으로 시작한다거나 식사를 하면서도 신문을 보는 모습, 신문을 옆구리에 끼고 다니는 모습은 강남, 종로, 여의도 일대의 빌딩에서 양복을 차려입은 이들에겐 흔한 장면이다. 신문은 성공한 사람들에게 있어 절대 빼놓을 수 없는 매체이기 때문이다.

요즘은 인터넷 발전과 스마트폰 보급으로 종이 신문 점유율이 점차 줄어들고 있지만, 경제 흐름을 한눈에 읽기 위해서는 종이 신문 위에 출판된 활자로 뉴스를 접하는 것이 훨씬 유익하다. 다양한 신문에서 중요 일간지도 중요하지만, 그중에 주요 경제신문을 한 가지 골라서 처음부터 끝까지 매일 읽어 보라. 매일 경제신문을 읽는 습관을 들이고, 꾸준히 경제신문을 정독한다면 6개월 이후에는 경제학 박사와 한국은행의 금리는 어떻게 변할지, 현재 환율은 적정한지 등의 논의가 가능할 만큼 사회 경제의 흐름을 읽을 수 있는 안목이 발달할 것이다.

이때 광고 페이지까지도 빠짐없이 효과적으로 빠른 시간 내에 읽어야 하는 것이 중요하다. 광고는 사회현상을 반영하는 중요한 경제 요소의 한 부분이기 때문이다. 만약 신문에 연립주택이나 소형아파트 경매 광고가 많이 나고, 사채업자의 급전 광고가 많다면 서민 경제가 힘든 것이고, 공장 관련 건물 용지들의 매각 공고가 많이 난다면 중소기업이 많이 도산하고 있다는 시금석이기도 하다. 또한 종종 신문에 묻어 배달되는 요식업 홍보전단지는 현재 요식업의 업종 및 트랜드를 직접 가보지 않고 파악할 수 있는 중요한 정보지 역할을 하는 것이다. 이러한 정보들은 나중에 고객과 컨설팅 시 중요한 재테크 정보로도 충분히 활용될 수 있다. 인터넷 신문에는 활자로 출판된 신문보다 이러한 광고가 많이 생략되어 있다. 분명히 말하자면 인터넷 신문은 읽는 것이 아니라 보는 것이다. Reading과 Seeing은 분명한 차이가 있다. 종이 신문은 스크랩도 용이할 뿐 아니라 경제 흐름 파악이 가능한 기사들이 시야에 한눈에 들어오기 때문에 각 기사의 크기에 따른 비중과 점유율 해석에 용이하므로 훨씬 효율적이며 효과적이다.

또한, 신문은 그저 읽어내는 수동적인 태도로 취할 것이 아니라 매일 아침 신문으로 뉴스를 접함으로 그날그날의 중요한 사회·경제의 중요 변수를 익히고 사건·사고를 체크하며 자신만의 데이터베이스를 형성하여 주어진 정보들을 자신의 것으로 만들어야 한다.

세계 유력지와 미국 뉴욕의 타임스퀘어 광고판 등에 독도와 한국 문화·역사를 알리는 광고를 게재하는 것으로 널리 알려진 '한국홍보전문가' 서경덕 교수는 세계 유력 신문들의 놀라운 영향력과 신문 읽기를 통한 창의적 사고의 중요성을 이야기한 적이 있다. 그는 매일 신문을 꼼꼼히 읽고 스크랩하며 특히 국제 면을 유심히 정독한다고 한다. 한국 역사와 문화를 세계에 알리는 직업을 가진 사람으로서 세계가 돌아가는 것을 아는 데는 신문의 국제면 만한 것이 없다는 것이 지론이다.

필자도 그의 의견에 전적으로 동감한다. 즉 신문을 통하여 얻은 정보를 자신만의 방식으로 창의적 아이디어로 연결하여, 이를 마케팅에 옮기는 것이야말로 신문에 있는 정보를 완전한 자신의 지식으로 만들기 위하여 꼭 행해야 할 과정이다.

이런 Reading Newspaper 과정을 다음과 같이 정리할 수 있다.

우선 신문을 많이 보면서 1.영업 아이디어를 모아두고 디지털 작업화하라. 2.주요 관심이 가는 기사에 대하여 전문지식을 기르기 위하여 전문서적이나 참고서적을 리서치하라. 3.신문과 리서치한 자료를 바탕으로 금융영업 아이디어 제안서를 만들라. 4.가능하다면 매니저들의 자문을 받아라.

언뜻 돈키호테 식으로 보이는 이 프로젝트들은 의외로 성공률이 굉장히 높은 '리딩'의 힘이 작용하여, 결국은 당신의 아이디어와 꿈은 현실이 될 것이며, VIP 금융 컨설턴트로서 정상에 서는 밑거름이 될 것이다.

이처럼 신문 속의 다양하고 방대한 뉴스에서 관심 있는 분야 혹은 중요한 기사들을 꾸준히 스크랩하다 보면 자신만의 신문 읽는 법을 익히게 된다. 이렇게 습득한 자료와 정보, 머릿속에 각인된 지식은 앞으로 당신의 지적능력을 월등하게 향상시켜 줄 중요한 자산이자 보물이 될 것이다.

명심하자, Reading에 비례하여 금융 컨설턴트의 자질은 분명히 업그레이드되는 것이다.

신문 기사를 효율적으로 스크랩하는 방법

년 월 일 신문 주요 이슈	
구분	내용
Top Story	
경기	
금리	
주식/채권	
부동산	
환율/유가	
나의 의견 :	

특별한 12가지 신문 읽기

1. 하루 1시간 이상 투자, 신문에 나오는 기사의 행간까지 읽어라.
2. 신문 1면은 반드시 정독하라.
3. 뉴스를 해석하는 습관을 지님으로 자신만의 해석 능력을 길러라.
4. 다양한 정보 수집 채널을 이용하며 자신만의 판단력을 가지고 뉴스를 100% 믿지 마라. 계속 변화되는 기사를 주목하라.

5. 주요 경제변수(주식 · 부동산 · 채권 · 환율 · 유가 · 금리)를 파악하라.
6. 증권 기사는 각 증권사 리서치 자료를 살피며 기업 주가는 관련 주가와 연동하여 해석하라.
7. 수출 기사는 반도체, 휴대전화 등 5대 품목의 수출 추이를 읽어라.
8. 부동산 기사는 강남 아파트 기사를 참고하며 금리 기사는 은행을 보아라.
9. 금융 기관 신상품과 분양 기사를 보아라.
10. 신문 하단의 광고란은 체감 경기를 느낄 수 있으며 사건 사고란은 사회 흐름을 읽는다. 이 또한 중요하게 체크하라.
11. 사건이 발생하면 그 효과로 인해 유리해지는 분야와 불리해지는 분야를 찾아라.
12. 사회 문화와 정치 · 경제 간의 상관 관계를 파악하라.

특별한 12가지 신문 읽기

주요 원칙	● 하루 1시간 이상 투자, 신문에 나오는 기사의 행간까지 읽어라. ● 뉴스를 해석하는 습관을 가짐으로 자신만의 해석 능력을 길러라. ● 다양한 정보수집 채널을 이용하며 뉴스를 100% 믿지 마라. ● 계속 변화되는 기사를 주목하라.
주요 경제변수	● 주요경제변수(주식, 부동산, 채권, 환율, 유가, 금리)를 파악하라. ● 증권 기사는 각 증권사 리서치 자료를 살피며 기업주가는 관련 주가와 연동하여 해석하라. ● 수출 기사는 반도체, 휴대전화 등 5대 품목의 수출 추이를 읽어라. ● 부동산 기사는 강남 아파트 기사를 참고하며 금리 기사는 은행을 보아라. ● 금융기관 신상품과 분양 기사를 보라.
사건 사고	● 신문 하단의 광고란은 체감 경기를 느낄 수 있으며 사건사고란은 사회 흐름을 읽을 수 있다. ● 사건이 발생하면 유리한 분야와 불리한 분야를 찾아라. ● 사회문화와 정치경제 간의 상관관계를 적어보라.

금융 컨설팅에 도움이 되는
Best Website & Magazine

금융 컨설팅에 도움이 되는 Best Website

1. 금감원 전자공시시스템 DART dart.fss.or.kr
   정기적인 영업보고서를 포함한 상장기업의 각종 공시 정보를 한눈에 볼 수 있다.

2. 금융투자협회 www.kofia.or.kr
   펀드 투자자를 위한 각종 정보 및 교육 콘텐츠를 볼 수 있다.

3. 한국은행 www.bok.or.kr
   경제 공부를 위한 다양한 자료가 즐비하다.

4. 펀드닥터 www.funddoctor.co.kr
   출시된 펀드 중 성과가 좋은 상품을 유형별로 비교할 수 있다.

5. 태평로팝C blog.naver.com/samsung_fn
   삼성증권이 운영하는 블로그로, 각종 재테크 정보와 직원들의 생생한 이야기를 전해 준다.

6. 블룸버그 www.bloomberg.com
   뉴스뿐 아니라 전 세계 증시 및 모든 상장기업의 주가를 확인할 수 있다.

7. 야후파이낸스 finance.yahoo.com
   블룸버그 홈페이지와 비슷하지만 일반인이 이용하기에 편리하다.

금융 컨설팅에 도움이 되는 Best Magazine

Daily 3
1. 이데일리 http://www.edaily.co.kr
   경제 뉴스, 칼럼, 이슈, 투자정보, 마이페이지 제공.
2. 파이낸셜뉴스 http://www.fnnews.com
   경제 전문지, 증권, 금융, 정보통신, 부동산, 국제 등 기사 제공.
3. 데일리경제 http://www.kdpress.co.kr
   금융, 부동산, 창업 등 경제 관련 뉴스 제공.

Weekly 3
1. 매경이코노미 http://www.mkeconomy.com
   종합 경제 주간지, 금융, 부동산, 창업, 세계경제분석 등 분야별 기사 수록.
2. 인사이드월드 http://www.usinsideworld.com
   세계 시사 주간지, 월드뉴스, 연예, 스포츠, 포토영상, 이슈 등 정보 제공.
3. 뉴스포스트 http://www.newspost.kr
   시사 주간지, 정치, 경제, 사회, 연예, 스포츠 등 뉴스 제공.

Monthly 3
1. 이코노미 인사이트 http://economyinsight.hani.co.kr
   한겨레 월간 경제 매거진, 시사, 사회, 국제 등 뉴스기사 및 경제 정보 제공.
2. 포브스 코리아 http://magazine.joins.com/forbes
   경제 잡지, CEO, 금융, 증권, 경영 등 기사 제공.
3. 이코노미플러스 http://economyplus.chosun.com
   조선매거진 발행 경제 월간지, 뉴스, 분석, 주식, 재테크 정보 제공.

R3 :
Reading Information

우리는 일상생활에서 직접적으로, 간접적으로 정보의 중요성을 알고 이를 깨닫고 있다. 일상생활과 생산 및 소비 활동의 많은 부분이 정보의 활용과 유통에 직·간접적으로 영향받는 사회에 살고 있기 때문이다. 정보는 말 그대로 관찰이나 측정을 통하여 수집한 자료를 실제 문제에 도움이 될 수 있도록 정리한 것으로 유용한 지식이 되어 버린 지 오래이고, 중요한 정보는 국가 및 기업, 개인의 운명 또한 바꾸어 놓을 수 있는 분수령이 될 수도 있다는 것은 역사의 교훈이다. 특히 VIP 고객에게 새로운 정보의 제공 능력은 해당 컨설턴트 능력의 척도와도 비례한다고 생각해도 무방할 것이다.

SNS : Social Network Service

우리는 미디어 제너레이션Media Generation으로 매체 발달과 함께 살아온 세대이다. 주요 대중매체이던 TV, 신문, 잡지 등을 넘어 사용자 수가 급격하게 증가하고 있는 새로운 매체가 탄생하였다. 소셜 네트워크 서비스Social Network Service, SNS는 웹상에서 친구, 선후배, 동료 등 지인과의 인맥 관계를 강화시키고 또 새로운 인맥을 쌓으며 폭넓은 인간관계를 형성할 수 있도록 해주는 서비스이다. 인터넷에서 개인의 정보를 공유할 수 있게 하고, 의사소통을 도와주는 1인 미디어, 1인 커뮤니티로 싸이월드, 페이스 북, 트위터 등이 가장 많은 사용자 수를 거느리고 있는 대표적인 SNS 서비스라고 할 수 있다.

　이러한 서비스를 금융 컨설턴트로서 마케팅에 효율적이고 유용하게 활용한다면 단순히 정보 공유를 넘어 나의 고객들과 그들의 알지 못했던 지인, 또는 그 이상 제3자의 고객에게까지 고객의 범위를 확장시킬 기회가 되어 주며, 실속 있는 정보를 개방함으로 온라인상의 불특정 대다수에게 자신을 소개하고, 상품 홍보의 기회가 자연스럽게 마련될 것이다.

　이러한 온라인 네트워크 서비스의 가장 유용한 점은 실시간 커뮤니케이션의 장이 되어준다는 것이다. 전화나 방문 절차 없이 휴대전화나 인터넷 접속만으로 고객들을 언제 어디서나 관리할 수 있으며 고객들 또한 컨설턴트에게 궁금 사항을 질문하고 상담을 요청할 수 있다. 이러한 사항에 즉각적으로 전문적인 조언을 답하며 정성을 다한다면 컨설턴트로서의 전문성을 인정받을 뿐 아니라 두터운 신뢰까지 얻을 수 있다.

　이렇게 유용한 서비스를 이용하면 우리는 더 간편하고 효율적으로 고객관리를 할 수 있다. 자신의 온라인 인맥을 이용하여 간단한 메시지나 정보 업데이트를 통하여 새로운 상품을 소개하고 정보를 제공함으로써 고객들의 관심을 끌 수 있으며 고객들의 즉각적인 반응을 살필 수 있을 뿐만 아니라, 그에 따른 피드백도 받을 수 있다. 이러한 지속적인 고객 관리로 정성과 성실성을 부각시키며 신뢰성을 얻게 되는 것이다.

소셜 네트워크 서비스를 통하여 고객들은 상품에 대한 정보를 쉽게 얻게 되지만, 다양하고 잡다한 정보가 범람하는 인터넷상에서 소개된 상품에 가입 의사를 보이며 최종 구매로 이어지는 것은 고객들이 신뢰하고 있다는 증거가 된다. 이러한 고객들이 많아질수록 입소문과 홍보 효과가 갈수록 확대되어 퍼져 나가게 될 것이고, 기대 이상의 성과를 얻게 될 것이다.

요즘은 앉은자리에서 지구 반대편의 소식을 단 30초 내에 바로 전달해 들을 수 있다. 외국 친구와의 실시간 교류는 더 이상 신기한 일이 아니다. 오히려 주변 지역 소식보다 전 세계 방방곡곡의 소식을 더 잘 들을 수 있는 글로벌 정보화 시대에 살고 있다. 이렇게 들리는 정보를 더욱 잘 활용한다면 금융영업에서도 큰 이익을 얻을 수 있다. 정보에 발 빠른 자는 그렇지 않은 자보다 분명히 더 앞서나갈 수 있음은 자명한 사실이다.

그렇지만 이러한 SNS의 발달은 즉각적인 피드백의 요구로 다양한 결과를 야기할 수도 있다. 고객에게 노력과 정성을 다하지 않는다면, 고객들의 불평과 불만이 온라인상에서 그대로 노출될 것이며 이에 대한 파급효과는 소셜 네트워크 서비스의 성공 사례만큼이나 큰 결과를 만들어 내며 좋지 않은 영향력을 발휘할 것이다. 온라인 비즈니스는 금융 컨설턴트의 태도에 따라 긍정적인 마케팅 사례가 될 수도, 혹은 스스로에게 치명적인 독이 될 수도 있다. 과감히 이러한 트렌드를 활용하기로 했다면, 책임감과 사명감으로 완벽한 서비스를 제공할 수 있도록 최대한 노력을 다해야 할 것이다.

Social Finance

요즘 한창 유행하고 있는 음식과 문화, 여가 생활을 할인해 주는 쿠폰 소셜 커머스Social Commerce의 인기가 대단하다. 이 폭발적인 인기를 얻고 있는 사회 현상에 대하여 다시 한 번 Social이라는 단어의 Power를 재차 실감하게 한다.

그렇지만 금융 컨설턴트들은 소셜 커머스 못지않게 우리 금융 영역에서 변화를 가져올 수도 있는 Social Finance의 시작인 Social Lending에 주목하여야 한다.

중국의 네티즌인 친은 중국에서 한 해 4년제 대학에 입학을 원하는 수가 연간 3,000만 명 이상인데 이중 경제 사정으로 실제로는 600만 명 정도만 입학한다고 한다. 중국의 네티즌인 친은 이러한 정보를 바탕으로 중국의 부유한 투자자를 유치하여 가난한 학생에게 학비를 인터넷을 통하여 대출해 주는 방법을 고안했다. 이 사이트가 바로 아시아의 Social Lending의 효시격인 치팡qifang.com이다. 관심이 있는 학생들은 사이트를 통해 수업 계획서를 제출하고, 투자가들은 관심 있는 개별 학생 리스트를 보고 8~12명이 한 건의 대출에 참여하여 투자한다고 한다. 또한 학비 대출금을 이용한 사기행각을 우려해 빌린 돈은 학생에게 직접 주는 게 아니라 입학허가서를 받은 교육기관으로 직접 전달한다고 한다. 공식 출범 후 치팡은 3,000건이 넘는 거래를 성사시켰으며 은행과 비영리 단체와 협업 업무 구상 중이라고 한다.

또한 세계 최초의 Social Lending업체라고 주장하는 조파는 소셜 랜딩을 "사람들이 금융기관을 거치지 않고 돈을 빌려주는 과정"이라고 정의하며 대출 이율은 경매 사이트와 유사하게 결정되며 대출자 위험은 50명 정도로 분산한다고 한다. 그래서 악성부채를 감안하더라도 돈을 빌려준 사람은 평균 8% 내외의 수익을 보장받는다고 한다. 그리고 미국의 프라스퍼는 돈은 빌리고자 하는 사람들이 투자가의 마음을 사로잡기 위해서 돈을 빌릴 수밖에 없는 개인적인 사연, 지인의 이야기 등을 사이트를 통해 공유해 투자자의 공감을 얻어 낸다고 한다. 이미 가입자는 100만 명이 넘었으며 대출액도 2억 달러 수준이라고 한다.

이러한 Social Finance를 우리나라 금융 현실에 접목시켜 보면 어떨까? 온라인상에서 미혼 여성 약 3,000명을 모아서 그들이 관심을 가지는 외모, 결혼 등의 리스크에 대해서 파악을 한다. 예를 들어, 성형 수술 후 부작용이 생겼을 경우에 대한 리스크와 구타나 외도로 인한 이혼, 사기결혼 등에 대한 리스크를 파악한 뒤 그것에 대한 보험금을 지급하는 것이다. 이러한 틈새수요를 창출하여 보험회사에 상품을 만들어 줄 것을 역으로 제의하는 것이다. 그러면 고객은 지금까지 세상에 없었던 금융상품을 그들의 욕구에 맞게 Social 형태로 저렴하게 구매할 수 있을 것이고, 보험회사는 Social Finance라는 새로운 판매 채널을 확보할 수 있을 것이다. 그리고 이러한 새로운 분야에 도전해서 성공한 금융 컨설턴트들은 앞 장에서 설명한 진정한 의미의 Origin이 될 것이다.

이렇듯 우리를 둘러싸고 있는 금융 환경은 급변하고 있으며, 금융 비즈니스를 선도하기 원하는 금융 컨설턴트들은 다양한 지식과 정보를 습득하고 현재 사회의 유행 흐름과 미래에 더욱 영향력이 크게 파생될 방향에 대해서 관심을 갖는 자세가 중요함을 명심해야 한다.

금융 집단지성의 도래

매년 가장 영향력 있는 인물을 선정하는 타임지에서, 수년 전에는 올해의 인물로 'YOU'를 선정했다. 이는 요즘 가장 영향력 있는 인물은 특정 유명인이 아니라 인터넷상에서 글과 동영상을 올리는 우리 모두라는 의미이다. 이것은 몇몇 특정인이 힘을 갖는 사회가 아니라, 다수가 모두 뭉쳐 힘을 갖는 사회, 바로 요즘 트랜드인 웹 2.0의 시대이다. 이제는 누구나 다 아는 소비자가 직접 생산 콘텐츠인 UCC, 시간과 공간이 넘나드는 인터넷에서는 오프라인의 한계를 넘어서는 큰 규모의 시장이 형성될 수 있다는 롱테일의 법칙 그리고 집단지성 등이 있다.

이 중 금융계에 큰 영향을 미칠 것으로 예상되는 집단지성 collective intelligence은 다수의 인터넷 참여자들이 만들어 낸 정보의 집합체를 말하며 웹 2.0이 표방하는 공유 · 참여 · 개방을 가장 잘 설명하는 항목이다. 그 한 예가 위키토피아 백과사전이다. 즉 누구나 웹사이트에 들어와 개념을 설명하고 코멘트를 달 수 있도록 하고 이 정보를 무료로 제공한다. 그래서 위키는 대형 백과사전인 브리태니커보다 정확도 면에서 떨어지지 않는 수준을 자랑하고 있다.

우리 금융 컨설턴트 분야도 이런 집단지성을 이용한 시대가 곧 도래될 것이다. 그 이유는 현재 1명의 고객을 두고 10명의 금융 컨설턴트가 재무 설계를 하면 아마 10가지 다른 답이 나올 것이다. 또한 PB의 80% 정도는 고객에 꼭 필요한 금융 상품을 판매하는 것이 아니라 회사 및 개인의 득실에 의하여 판매한 경험이 있다고 얼마 전 모 일간지에서도 언급했었다. 지금도 현명한 소비자는 사적 금융 집단지성을 이용하며 개인이 단독으로 진행하는 금융 컨설팅의 위험을 일부분 피하고 있다. 그러므로 앞으로는 금융 소비자들이 하나의 금융상품 가입 시 한 명의 컨설턴트에 의존하지 않고, 여러 명의 전문·비전문가에게 조언을 구하고 최대공약수를 찾아서 상품을 가입하는 금융 집단지성 방법이 인터넷 공간으로 들어오는 것이 시간문제일 것이다. 이러한 이유가 다른 분야와 마찬가지로 금융 컨설팅 분야에서도 집단지성이 곧 도래할 것이라는 이유이다. 그러므로 시장을 선도하기를 원하는 금융 컨설턴트들은 이 분야에 대해서도 적극적으로 준비하는 자세가 필요하다.

길은 우연히 만들어지기도 하지만 사람들이 원하면, 거기에 반드시 생긴다는 것이 역사적 교훈임을 잊지 말아야 할 것이다.

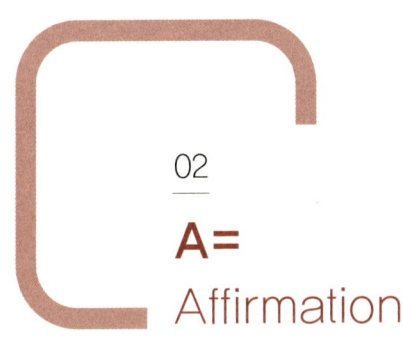

02 A= Affirmation

오심도 축구다

남아공 월드컵이 열린 2010년, 축구 종가 잉글랜드와 전차군단 독일이 만난 16강 경기에서 잉글랜드 팀은 1 : 4로 참패의 굴욕을 맛보았다. 이 경기는 월드컵 대회 최고의 오심으로 기록된 불운의 결과였다.

이번 경기는 전반전부터 독일이 선취득점과 추가 골을 완성시키며 2대 0으로 경기 상승세를 타고 있었지만 실점 이후 잉글랜드 팀이 강하게 몰아붙이면서 엄슨의 헤딩 만회 골로 첫 골을 터뜨리며 2대 1이 되었고 맹추격에 나서며 대등한 경기를 보이고 있었다. 바로 몇 분 후 루니의 돌파가 수비에 막혀 튀어나오는 공을 램파드가 감각적인 슛으로 날렸고, 이 중거리 슈팅이 골대를 때리면서 골라인 안에 정확히 떨어졌다 나왔다. 분명히 골 안에 공은 떨어졌지만, 노골이 선언되었다. 명백한 심판의 오심 때문에 골을 도둑맞은 것이다. 이렇게 전반전은 동점 골을 인정받지 못한 채 종료되었고, 잉글랜드 팀은 후반전에서 다시 맹공격을 펼쳤지만, 승리의 깃발은 독일을 향해 흔들어 주었다.

잉글랜드가 2대 1로 지고 있던 상황에서 오심만 아니었다면, 만약 이 극적인 동점 골이 승인되었다면 2대 2가 되어 아마도 경기 상승세는 잉글랜드 팀으로 넘어갔을지도 모른다. 다시 골 운에 힘입어 더욱 강력한 경기를 펼칠 수 있었을지도 모르기 때문이다. 그러나 그 이후 두 골을 더 실점하여 잉글랜드 팀은 1:4 참패의 치욕을 안았다.

경기가 끝난 후 잉글랜드 대표 팀의 주장 스티븐 제라드가 독일과 16강전 소감을 묻는 자리에서 프랭크 램파드의 명백한 동점 골이 인정되지 않았지만, 우리가 4대 1로 패한 것이 오심 때문만은 아니라며 겸허한 자세로 패배를 깨끗이 인정했다.

"나 또한 무척이나 아쉬운 것이 사실이다. 램파드의 골이 인정됐다면 경기 상황의 전환점이 될 수도 있었겠지만, 그 오심을 변명으로 이용해선 안 된다. 우리는 너무 많은 실수를 저질렀고 독일은 굉장히 조직적이고 정교한 움직임으로 4골을 터뜨렸다. 독일팀은 충분히 승리할 수 있는 역량과 기량을 가지고 훌륭한 경기를 펼쳐 주었다. 독일 팀이 우리보다 나은 팀이었다."라고 말하며 완패를 인정했다. 그의 모습에 전 세계 축구팬들은 잉글랜드 팀에게 찬사를 보냈다. 그의 태도는 어느 스포츠 선수보다도 멋있고 프로다운 면모가 돋보였다.

  램파드가 심판의 판정에 굴복하지 않는다고 해서 결과가 달라졌을까? 여기서 우리가 본받아야 할 점은 잉글랜드 팀 주장 제라드의 겸허한 긍정적인 자세이다. 축구는 심판의 96% 정확한 판정과 4%의 오심이 결합된 인간적인 경기이기에 이러한 인간적인 경기에 비디오 판독이나 기술의 힘을 빌려 경기를 한다는 것은 맞지 않다는 FIFA 블레터 회장의 말처럼 오심도 축구의 규칙 중 하나로 인정하기 때문에 그들은 프로다운 자세로 결과를 겸허히 수용했다.

  과연 우리나라에서 이와 같은 상황이 발생하였다면 어떤 반응이 나타났을 것인가. 과연 이만큼이나 성숙한 태도를 보일 수 있었을까? 절대긍정이란 어떠한 상황과 역할이 본인 의도대로 되지 않아서 초점에서 멀어진 경우라도 남의 탓을 하지 않고 모든 것을 자기의 탓으로 생각하고 다시 원래의 초점을 향해 나아갈 수 있는 정신자세이다. 금융 컨설턴트 일을 하다 보면 수많은 거절과 장벽에 봉착하게 된다. 이럴 때마다 안 된 이유를 고객 탓, 다른 사람 탓, 회사 탓으로 돌린다면 성공의 초점과는 점점 더 멀어질 것이다. 금융 컨설턴트들은 이 점을 명심해야 한다. 잘되면 고객 탓이고 안 되면 내 탓이다. 이런 사고를 가지고 있는 사람들만이 금융영업이든 인생이든 성공의 축배를 드는 것이다. 이것은 성공한 자와 영원히 실패로 남는 자의 1% 차이이기도 한 것이다.

당신에게 사회는
어떠한 세상으로 비춰지는가?

사회는 공정한가? 비공정한가?
공정은 무엇일까?
이 사회에서 공정은 무엇일까? 우리의 일에서 공정과 정의란?
과연 세상은 공정한가? 공정한 것이 진정 공정한 것일까?
왜 나만 그런가? 하필 나만? 그건 '머피의 법칙'일까?
정의가 이기는 걸까? 이기는 게 정의일까?

우리는 상대방의 약점에 밝고, 스스로의 허점에 어두운 시선을 가지고 있다. 왜 나는? 왜 나만? 등과 같은 상대와의 비교에 따른 불만족에 우리는 항상 불평·불만, 비난과 비탄을 일삼는다. 높은 지위를 가지고 있거나, 고급 빌라·아파트에 거주하는 자들 혹은 고급 차를 타는 이들과 같이 사회적·경제적으로 부유하게 사는 자들을 향해 일반적으로 사람들은 단지 부모를 잘 만났기 때문에 호화로운 삶을 향유하고 있다고 생각하는 사람도 의외로 많다. 모 언론 인터뷰 장면에서 양평대교 위의 한 노숙자가 저 너머 보이는 목동 고급 아파트를 바라보며 말했다. "저곳에 사는 사람들은 노력을 전혀 하지 않아도 모두 부모 덕분에 사치스럽고 여유롭게 생활한다"고 말하며 부자들을 향한 가장 단편적이고 부정적인 시각을 보였다. 그러면서 자신은 부모를 잘못 만나고 사회에서 도와주지 않아서 매일 힘든 삶을 영위하고 있다고 말했다. 그럼 목동 아파트에 사는 사람들이 모두 부모를 잘 만나서 그러한 고급 아파트에 사는 것일까? 그 노숙자는 하루 내내 구걸한 돈으로 소주 한 병과 과자 한 봉지를 사서 다리 위에서 그것을 마시며 세상을 향한 불평만 내뱉으며 다시 잠이 드는 무의미한 생활을 반복하는 사람이었다. 그에겐 희망이 없어 보였고 사회를 향한 부정의 시선만 가득 남아 있었다. 모든 것을 남 탓, 부모 탓, 사회 탓을 할 뿐이었다. 이 사람에겐 1억 원을 주어도, 2억 원을 가진 자들을 보고 신세 한탄만 하며 남들과 스스로를 비교하고 삶을 부정적으로 해석하며 살아갈지도 모른다.

인생을 살아가면서 때론 이익을 보기도 하며, 한편으로 손해를 보기도 한다. 그 행운은 물론 누군가에게 조금은 치우쳐 보일 때도 있고 나에겐 늘 부족하게만 느껴질 때도 있다.

금융 컨설턴트들에게 묻겠다. 당신에게 사회는 어떠한 세상으로 비춰지는가? 사회는 공정한가? 비공정한가? 열심히 일한 사람들이 비정규직이란 이유로 하루아침에 어떠한 보상도 받지 못한 채 퇴사를 통보받고, 상사에게 아첨을 일삼는 눈치맨이 먼저 승진하고, 권력과 힘이 있는 자가 더 부자가 되는 이 사회는 과연 공정한가? 사회가 공정을 지향하고 있기는 한가? 만약 대한민국 사회가 공정했다면 국내에서 베스트셀러 1위를 달리며 100만 부가 넘게 팔려나가며, 교양강좌로 TV에 방영되는 하버드대학 마이클 샌델 교수의《정의란 무엇인가?》라는 책에 사람들은 왜 이토록 열광하는 것일까? 아마 절반 이상의 사람들이 우리 사회를 비공정하다고 생각할 수도 있고, 그것이 어쩌면 당연한 결과인지도 모른다.

그렇지만 서민과 부자가 정의하는 '공정'의 개념이 다르고 이슬람교와 기독교의 '정의'가 다르듯이 사회는 갑과 을의 모순적 구조로 순환하며 돌아간다. 즉 갑과 을의 이러한 모순적 순환구조 속에서 서로 다름을 인정하는 것이 현대 사회의 공정과 정의가 아닌가 싶다. 또한 지금 우리들에게는 사회가 공정한가, 그렇지 않은가보다는 개인이 사회를 보는 관점이 더 중요한 것이다. 사회가 정의롭다고 생각한다면 한없이 정의로운 것이고 비공정하다고 생각한다면 한없이 비공정하고 정의롭지 못한 것이다.

노무현 전 대통령이 인권과 이상을 품은 인간정치를 하였지만, 그의 정치 목표는 달성되지 못했다. 이명박 대통령은 기업가의 정신을 바탕으로 과감한 정치 전략을 내세워 진행했지만, 국민들의 호감을 사지 못한 부분도 있다. 공자, 제갈공명이 살아온다고 하더라도 항상 반대세력은 같이 나타날 것이다. 이 두 성인이 다시 살아나서 대한민국 대통령이 된다고 하더라도 우리나라에서 서울 시청 앞의 촛불집회는 사라지지 않을 것이다. 즉 모든 문제는 관점에 따라 양면성을 띤다. 공정과 비공정은 태생적으로 같이 파생되기 때문이다.

사회는 인간만큼이나 완벽하지 않다. 사회는 불완전한 사람들로 구성된 집단공동체로서 각자의 이기심을 충족하기 위해 존재하기 때문이다. 결국 사회가 공정한가, 그렇지 않은가의 문제는 개인의 시각에 따라서 많이 달라지는 것이다. 명심하자! 스스로가 사회를 공정하게 본다면 사회는 한없이 공정하게 당신에게 다가설 것이고 부정적인 생각에 사로잡혀 있어 불공정하게 본다면 사회는 당신에게 한없이 불공정하게 나타날 것이다. 사회·정치·경제 혹은 인생 어떤 분야에도 현대사회에 내재된 모순적 구조를 공정과 정의의 잣대로 완전히 정리하지는 못함을 명심하자. 그렇기 때문에 보는 관점이 중요한 것이다. 즉 생각하는 관점에 따라 어떤 사람은 백만장자가 되기도 하고, 어떤 사람은 노숙자가 되기도 하는 것이다. 그러므로 사물 및 사회를 보는 절대긍정의 시선이야말로 여러분을 성공의 종착지로 안내하는 유일한 길잡이가 되어 줄 것이다.

특히 우리 금융 컨설턴트 직업은 다른 분야의 직업과 비교하여 절대 '공정'과 '정의'가 담보되는 직업이라고 필자는 확신한다. 흘리는 땀과 노력의 대가에 정확히 비례하여 고객이 나의 소중한 가족이 되고 이것과 비례하여 소득도 레벨업되는 아주 명확한clear 직업Job이다. 과연 Clerk이 CEO보다 급여를 많이 받을 수 있는 직종이 지구상에 몇 개나 될까? 즉 금융 컨설턴트 일이야말로 공정과 정의가 담보된 Good Job이라는 자부심을 우리는 스스로 가져야 한다.

자신의 인생에서 가장 중요한 것은
'그래, 난 할 수 있어!'라고 외치는 것이다

"하나님이 왜 절 이렇게 태어나게 했느냐고 사람들이 묻는다면 저는 이렇게 대답합니다. 첫 번째는 하나님이 저에게 팔 없이 태어나게 하셨다는 것과 두 번째는 바로 하나님께서 제가 이 장애를 극복할 수 있는 의지를 주셨다는 것이죠. 둘 중 어느 경우라도 하나님의 뜻이라고 생각하고 그걸로 만족합니다."

22년 전 팔이 없이 태어난 한 장애인이 있었다. 당연히 그는 손으로 양말을 신는 것은 물론이고 혼자 힘으로는 아무것도 할 수 없는 몸이었다. 그럼에도 불구하고 두 팔 없는 몸으로 태어나 불편한 것과 주위의 시선, 고난 등 온갖 역경을 딛고 일어나면서 얻은 강한 정신력과 통찰력으로 태도 변화와 개인의 성장, 행동 계발에 1인자가 된 존 포피John Foppe는 세계적인 성공학 강사가 되었다.

온몸을 가족들에게 의지하며 살아온 존은 식사조차 스스로 할 수 없었다. 고등학교부터 혼자 모든 일을 할 수 있었으나 그렇게 되기까지는 엄청난 시련이 뒤따랐다. 어린 시절 그는 손을 대신해 발로 생활하긴 했지만, 당연히 일상 대부분을 가족에게 의존하고 있었다. 8명의 아들을 둔 존의 모친은 어느 날 가족회의를 열었고, 가족들에게 더 이상 존에게 어떤 도움도 주지 말라는 명령을 내렸다. 찬장에서 접시를 꺼낼 때도 도와주지 말라고 했다. 접시가 깨져도 괜찮다며 존이 스스로 모든 일을 처리하는 방법을 배울 수 있도록 하였다. 당시 10살이었던 존은 학교 갈 때 옷 입는 것까지 도움을 받아야 할 정도로 나약하였지만 옷을 입지 못해서 학교에 못 가는 한이 있더라도 도와주지 말라고 하며 강하게 그를 교육했다.

어머니는 당연히 아들을 도와주고 싶었을 테지만 그런 방식으로는 존에게 아무런 발전이 없을 것을 알았다. 이를 위해 할 수 있는 최선의 선택은 바로 존이 혼자 스스로 모든 것을 해결하도록 하는 것이었다. 부모로서는 상당히 모진 결정이었지만 그렇게 하는 것이 존을 위한 것이기 때문이었다. 존은 알고 있었다. 가족들은 자신을 너무나도 사랑한다는 것을. 모든 일에 항상 사랑이 뒷받침 되어 있다는 것을. 과잉보호보다 오히려 홀로 설 수 있는 독립심을 위해 뒤에서 격려해 주는 것이 진정 자신을 위하는 것임을.

그렇게 존은 모든 일을 혼자 스스로 하는 방식을 터득해 나갔다. 그리고 매우 중요한 교훈을 습득했다. 그는 이렇게 말했다.

만약 자신이 가지고 있는 것이 최고가 아니라면 최선을 다하세요.
제가 16살이었을 때 아무것도 부럽지 않았습니다.
동네에서 발로 운전할 수 있는 유일한 아이였으니까요.

정말 멋있어 보였습니다.

만약 제가 제 자신의 가치를 모르고 아무런 발전도 없었다면,
내 장애 때문에 모두 날 좋아하지 않을 거라고 기죽어 있었다면
죽을 때까지 그렇게 살았을 겁니다.
희망은 제가 전하고자 하는 가장 중요한 메시지입니다.
인생을 묵묵히 걸어가거나 미래를 꿈꾸는 과정에서
결국 희망이 없다면 아무것도 의미가 없습니다.

저에게 한 가지 말하시면 안 될 게 있습니다.
바로 저에게 뭔가 할 수 없다고 하는 거죠.

저는 인생을 살면서 한 가지 깨달은 것이 있습니다.
하나님은 우리가 태어나면
미리 레드 카펫을 깔아 주시지 않을 뿐더러
문을 대신 열어 두지도 않습니다.

바로 중요한 것은 제가 저의 인생길에 서서
'그래, 난 할 수 있어!' 라고 외치는 것입니다.
바로 오늘 그렇게 할 것이라고 다짐할 때 시작됩니다.

우리와는 조금 다른 모습으로 세상에 나온 그는 고통에 의한 울부짖음과 쓰라린 시선의 경험을 통해 용기와 깨달음을 얻었다. 그

는 스스로 규정한 자신의 마음의 감옥에 갇혀 있는 우리를 위해 희망과 행복을 나눠 주고 격려하는 동기 부여자로 다가와 오늘날 전 세계에 있는 기업, 단체 등을 상대로 자신의 믿음과 인내심을 심어 주는 리더가 되었다.

사람은 태어나면서부터 많은 핸디캡을 안고 태어난다. 그래서 서양에서는 위 사례의 존 포피 같은 장애우를 한 부분이 부족한 핸디캡이 있는 사람으로 여긴다. 그렇지만 우리 주위에는 멀쩡한 사람이 핸디캡이 있는 사람보다도 못한 경우를 많이 본다. 그것을 가늠하는 기준은 바로 마음가짐이다. '나는 무엇이든지 될 수 있어', '나는 할 수 있어'라는 긍정의 마음가짐을 갖는 사람에게는 본인의 조그마한 핸디캡은 아무런 문제가 되질 않고 매사에 승승장구할 수 있는 것이다. 그렇지만 남들보다 여러 조건이 우수한 멀쩡한 사람이 매사 부정적이고 비관적인 '설마 할 수 있을까?', '안 될 거야.' 같은 부정적인 생각에만 사로잡혀 있다면 삶의 많은 부분이 핸디캡처럼 작용하여 연속 실패 작용을 일으킬 것이다. 이러한 마음가짐이 성공한 금융 컨설턴트와 실패한 금융 컨설턴트를 가르는 1% 차이이기도 한 것이다.

명심하자! 사람은 자기가 생각한 대로 성장하고 변한다는 인류 문화심리학의 정설을. 이제 우리 금융 컨설턴트들은 다시 한 번 다짐하길 바란다. '나는 매사 절대 긍정의 마인드로 무장하여 대한민국 최고의 금융 컨설턴트가 될 것이라고….'

성공의 확신을 위한
긍정적인 신념과 태도의 중요성

긍정이란 자신의 일을 성공적으로 진행하는 데 필요한 자세를 말한다. 프로가 지녀야 할 긍정의 태도는 끊임없이 일정하게 유지해야 하는 중요한 요소로 일에 대한 확고한 가치와 신념으로부터 출발한다. 업무에 긍정적으로 임하게 됨으로써 능률 상승효과를 가져올 뿐만 아니라, 긍정적인 태도는 일에 집중하고 좋은 생산성을 만들어 내기도 한다. 금융영업은 많은 거절을 경험하는 직업이다. 거절로 인해 자존심에 상처를 받아 일에 집중하지 못하고, 일에 대한 에너지를 잃어버릴 수도 있다. 이러한 경우 금융영업 일에 대한 긍정적인 신념과 태도는 거절로 인해 분산될 수 있는 일에 대한 에너지를 집중시켜 줄 수 있는 좋은 요인이 된다.

우리는 사회에서 수많은 좌절에 부딪히게 된다. 자의든 타의든 여러 시행착오 속에 우리는 사회를 향해 부정적인 시선을 가질 수도 있다. 그러나 만약 당신이 두 팔이 없거나, 혼자서 옷도 입지 못할 정도로 몸이 불편하지 않다면 당신이 원하는 대로, 꿈꾸는 무엇이든 해낼 수 있다. 의지와 용기, 무엇보다 스스로를 믿는 긍정의 태도로 인생에 한 발씩 앞서 나아가며 최선을 다해 살아가는 것. 자신의 인생에서 성공을 확신하는 긍정적인 마인드는 인생에서 가장 중요한 덕목이다.

물론, 금융 업계에서도 성공한 금융 컨설턴트로 성장하기 위해서 자기 성공의 확신이 대단히 중요하나 금융 컨설턴트의 Affirmation, 성공의 확신, 절대 긍정적인 사고방식은 더욱 중요한 요소이다. 일반적으로 강한 목표의식과 그 목표를 달성할 수 있는 능력 있는 컨설턴트라는 자긍심에서 나온다. 성공한 금융 컨설턴트가 되기 위한 사명감과 신념을 가지고 자신의 가망고객에게 금전적 이익을 주겠다는 것 이상으로 헌신적이며 때론 희생적으로 최선을 다한다면 당신의 일과 인생에서 최고의 삶의 주인공이 될 수 있을 것이다.

65세의 나이에 1,008번 거절당한 후 이루어 낸
성공신화의 주인공 KFC 할아버지

여섯 살에 아버지를 잃고 일하는 어머니와 어린 두 동생을 돌보며 집안일을 도맡아 생활하던 한 소년이 있었다. 열두 살이 되던 해 어머니가 재혼하게 되면서 그는 고향을 떠나 페인트공, 타이어 영업, 유람선, 주유소 직원 등 생계를 위해 닥치는 대로 일만 하며 살아왔다. 드디어 황혼의 나이에 접어들면서 레스토랑에서 오래 일한 경력으로 제법 인정받을 만한 레스토랑을 가지게 되었다. 하지만 1년도 되지 않아 어느 날 갑자기 한순간에 모든 것을 잃게 되었다. 그는 당시 65세의 나이였다.

그와 함께 수중에 남은 돈은 사회보장금으로 지급된 105불이 전부였다. 완전한 파산이었다. 65세 노인이 단돈 105불을 가지고 무엇을 새로 시작할 수 있었을까. 그러나 이 노인은 낡아빠진 자신의 트럭에 남은 돈을 모두 털어 산 밥솥을 들고 떠난다. 그동안 레스토랑을 운영하며 꾸준히 개발해 온 자신의 레시피를, 그것을 팔아 보기로 한 것이다. 트럭에서 잠을 자고 주유소 화장실에서 면도 하면서 미국 전역을 돌았다. 무시하는 주변의 냉랭한 시선에도 그는 힘들어하지 않았다. 다만, 극복해야 할 시련은 있었다. 그가 믿었던 소중한 꿈이 사람들에게 외면당한다는 것이다. 그것도 1,008번이나 거절을 당했다. 허름한 이 노인에게 로열티를 지급하고 조리법을 사 줄 식당 주인은 쉽게 나타나지 않았다. 1,008번의 거절. 쉽지 않은 도전이었다. 그는 실패하면 방법을 달리해서 또 도전했다. 할 때까지, 될 때까지, 이룰 때까지. 그렇게 보낸 시간이 2년, 드디어 처음으로 그의 요리법을 사겠다는 사람을 만나게 되었다. KFC Kentucky Fried Chicken 1호점이 생기는 순간이었다. 105달러의 사업 자금으로 치킨 프렌차이징 시스템을 도입했다. 1964년 켄터키 프라이드 치킨은 2백만 달러에 매각을 시작했고 현재 전 세계 KFC 매장은 1만 개를 넘는다.

이 성공신화는 오늘날 패스트푸드 치킨 프랜차이즈의 대명사, 흰 양복을 말끔히 차려입은 포근한 인상의 할아버지로 유명한 KFC를 창업한 노인의 이야기다. 그는 말했다.

"녹이 슬어 사라지기보다 다 낡아빠져 없어지리라."

그는 생의 마지막까지 이와 같은 자세로 임했다. 65세의 나이에도 불구하고 사업 성공 확신을 가지고 1,008번의 거절을 이겨내고 단념하지 않고 자신만의 의지와 열정을 불태운 결과 그는 전 세계 어디에서나 볼 수 있는 패스트푸드 점의 CEO가 될 수 있었다. 긍정의 힘은 이토록 누구에게나 최고의 인생으로 이끌어 주는 에너지가 되어 주는 것이다.

긍정의
Role Model을 갖자

"살아가다 보면 길이 없어 보이는 막막한 상황에 놓이곤 한다. 그때마다 멈칫거리며 주저하거나 피하는 대신 할 수 있다는 생각을 갖고 새로운 길을 만들어 나가야 한다. 모든 길이 처음부터 있었던 것은 아니다. 길은 누군가에 의해, 바로 나에 의해 만들어지는 것이다. 거기에 자신만의 Role Model이 한 명쯤 있으면 성공의 이정표에 쉽게 도달할 수 있다."

필자의 인생 Role Model이기도 하고 《긍정이 걸작을 만든다》의 저자 웅진그룹 윤석금 회장을 얼마 전 조찬모임에서 만난 적이 있다. 그분은 경영자로 성공할 수 있었던 가장 큰 이유가 긍정적인 마인드 때문이라고 강조했다. 첫 입사한 브리태니커 한국 지사에 영업 직원을 맡았을 때 그는 영어로 된 백과사전을 세계에서 가장 많이 판매한 사원이 되었다. 미국 본사 54개국 세일즈맨 중 최고의 실적을 올려 상을 받기도 한 그는, 한 회사의 세일즈맨으로 일하면서부터 지금 웅진그룹의 회장이 되기까지 자신의 삶의 모토는 '긍정'이었다고 강조했다. 꿈꾸는 대로 행동하고, 실패든 성공이든 그 힘의 원천은 긍정이다. 긍정적인 생각을 끊임없이 반복하면서 스스로에게 자신감을 주는 것이다. 항상 긍정적인 마음가짐으로 어려움에 부닥치더라도 그것을 헤쳐나가겠다는 의지와 할 수 있다는 자신감을 갖는 것이 무엇보다 중요하다고 이야기했다. 정말로 성공한 거장의 진실과 자신감이 느껴졌다.

필자의 영업 Role Model인 브라이언 트레이시Brian Tracy는 무일푼으로 성공한 전형적인 자수성가형 백만장자다. 현재 세계적인 비즈니스 컨설턴트이자, 전문 연설가로 활동하고 있는 그는 미국 내에서 잠재력과 능력을 개발하는 데 탁월한 능력을 보여 주는 최고의 권위자이다.

하루를 시작하면서 자신에게 간단한 '자기 긍정self-affirmation'을 해 주는 것은 엄청난 힘을 발휘한다고 그는 말한다. "나는 내가 좋다!" 또는 "나는 내 일을 사랑한다!"라고 열정적으로 그리고 자신감을 가지고 반복해서 외쳐 보라. 긍정적인 생각을 자기에게 되풀이해서 말하면 그 메시지는 잠재의식 깊숙이 파고들게 된다고 그는 늘 강조한다. 자신이 철저하게 준비되어 있고 아주 유능하고 지적이며 따뜻한 마음과 애정 어린 관심을 지닌 프로 세일즈맨이라 생각하면 어떠한 상황에서도 최선의 행동을 할 수 있게 된다는 것이다. 업계 최고의 세일즈맨이라는 마음가짐을 가지면 실제로 그러한 성과를 거두게 된다는 그의 철학을 우리 금융 컨설턴트들은 늘 명심해야 한다.

필자의 비전의 Role Model이자 또한 요즘 가십에 많이 오르내리고 있는 세계적인 기업 버진 그룹의 회장 리처드 브랜슨Richard Branson도 타임머신을 타고 과거로 가기를 원하던 어린아이처럼 항상 천진스럽게 웃으며 내가 상상하면 현실이 된다고 말한다. 재무·재표 하나 읽을 줄도 모르지만, 항상 벼랑 끝에 서서 대담하고 가슴 떨리는 모험과 도전을 두려워하지 않는 억만장자이다. 항상 힘찬 긍정의 에너지를 보이며 사람들에게 좋은 귀감을 보인다.

윤석금 회장의 긍정의 경영철학, 빈털터리에서 일명 백만장자가 된 금융세일즈의 전설 브라이언 트레이시의 자기 긍정의 힘, 그리고 리처드 브랜슨의 유쾌하고 즐거운 도전 정신은 항상 힘찬 긍정의 에너지를 보이며 저자의 인생·영업·비전의 Role Model로서 힘들고 어려운 과정에서 많은 정신적 위안과 도움을 받았다. 이제 금융 컨설턴트들도 자신만의 Role Model을 만들어 적극적으로 벤치마킹하자. 세상에 자기방식만 옳고, 남에게 배울 것은 하나도 없고, 자기가 제일 똑똑하다고 생각하는 사람이 전 세계 1등 바보임을 명심하자.

시각에 따라 달라지는 **자신의 인생 그래프**

아래 그래프에서 보듯이 금융 컨설턴트에겐 필드에서 때론 아

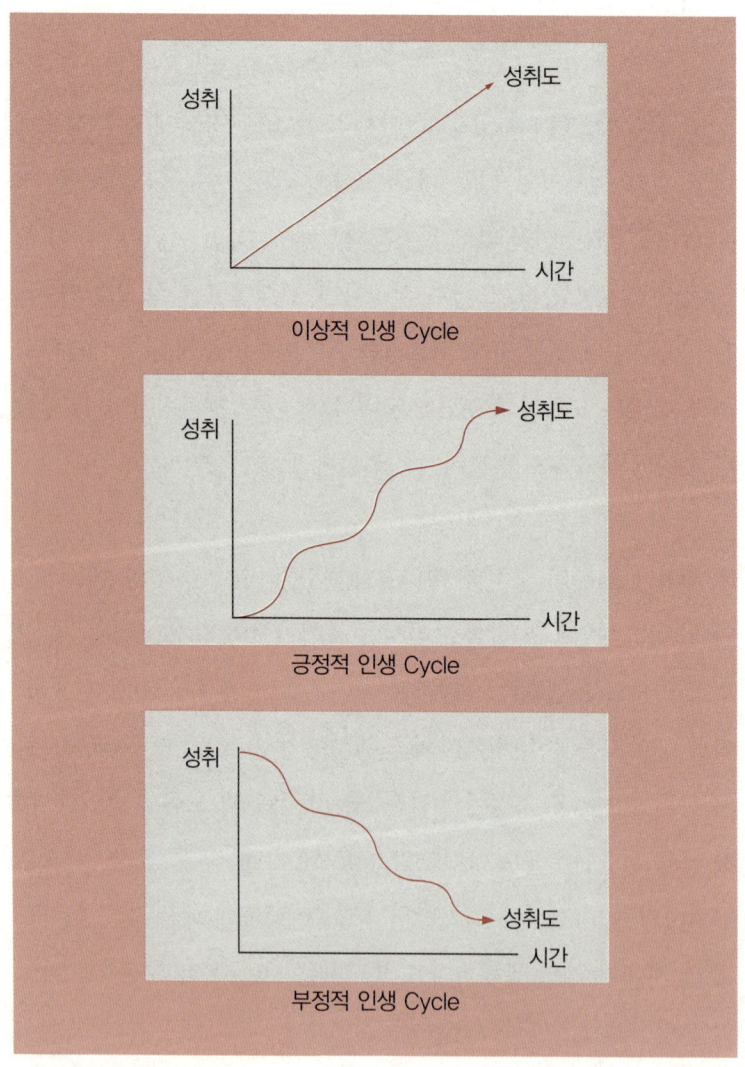

픔과 고통 혹은 뼈아픈 고난과 역경도 찾아올 것이다. 그러나 인생과 영업 사이클이 〈첫 번째 화살표〉처럼 우상향만 한다면 그것이 진정한 인생일까? 그렇다면 세상 모든 사람이 성공의 대열에 합류할 것이다. 세상은 누구에게나 불공평할 수 있기 때문에 누구에게나 공평할 수 있는 것이다. 어느 누구의 인생 화살표도 우상향 직선은 아니다. 나락으로 떨어질 때도 있고, 급상승할 때도 있다. 이러한 굴곡을 경험하고, 이를 다시 상승시키기 위해 위기를 극복하고 이겨내기 때문에 〈두 번째 화살표〉처럼 상위 5%만 최고 정점의 자리에 오르는 것 같다. 그렇기 때문에 당신을 향한, 즉 세상을 보는 절대적인 긍정의 힘이 중요한 것이다.

세상을 보는 당신의 시선이 한없이 부정적이면, 부정의 사회에서 헤어날 수 없을 것이다. 세상을 향한 비관주의자가 되어 항상 불평·불만을 늘어놓는 사회의 패배자 〈세 번째 화살표〉의 모습이 될지도 모른다. 그렇지만 오늘의 아픔과 힘듦이 한 걸음 도약하기 위한 내일의 밑거름, 당연히 필요할 수밖에 없는 과정이라고 생각한다면 이 정신적 위기를 충분히 극복할 수 있을 것이다. 이것이 Affirmation, 바로 긍정의 태도인 것이다. 중요한 것은 사회에 대한 긍정의 관점, 자신에 대한 긍정적인 관점이다. 사회를 공정하다고 보는 것이 당신을 공정의 사회로 인도한다. 이와 같은 정의는 특히 금융 컨설턴트에서는 특히 중요한 자세이고 사람의 성공과 실패를 가늠하는 중요한 잣대이기도 하다.

삶이란 목적을 깨닫고 그것을 위해 최대의 잠재력을 발휘해 성장하는 것이다. 자기 긍정의 강조는 백번을 강조하여도 지나치지 않다. 다시 한 번 명심하자. 당신의 시선이 공정할 때 사회·고객 또한 공정하게 당신을 평가할 것이다. 당신이 긍정적인 마음가짐과 사고를 갖고 있을 때 당신의 금융영업도 인생도 정의로워질 것이다.

긍정의 엔도르핀 Endorphine
러너스 하이 Runner's High

요즘 주말이면 한강 고수부지만 가더라도 무리지어 달리는 사람을 많이 볼 수 있다. 이제 마라톤은 타고난 강인한 체력과 정신력의 소유자들만이 시도하던 운동에서 최근에는 수많은 사람들이 자신의 체력과 건강을 테스트하는 가장 멋진 방법으로서의 운동으로 주목받고 있다. 세대를 거쳐 오면서 마라톤에 대한 인식과 의식이 완전히 바뀌게 된 것이다. 그러한 영향을 미친 요인으로는 마라톤의 Runner's High 효과를 들 수 있다.

오직 마라톤을 하는 동안, 달리기 주자들은 Runner's High라는 특별한 쾌감을 가진 치명적인 환각상태를 체험한다. 달리기를 시작한 후 30분이 지나면 몸에 힘이 빠지면서 상쾌한 즐거움을 느끼며 고통 이상의 최고조에 이르는 극취감에 달하게 된다. 이 묘한 황홀경은 미국의 심리학자인 A. J. 맨델이 1979년 발표한 논문에서 처음 사용된 원리이다. 이는 신체 및 정신적인 측면과 관련이 있으며, 주변의 환경자극이 있는 상태에서 운동을 했을 때 나타나는 신체적인 스트레스로 인해 발생하는 행복감을 말한다. 이때의 느낌은 마약을 했을 때 혹은 여자들의 성적 절정감인 오르가즘과 비슷한 쾌감이라고 한다.

마라톤은 또 혈액순환을 좋게 하고, 백혈구를 증가시켜 여성들의 우울증 치료에도 효과적이고 성인병 예방에도 도움이 된다. 특히 발로부터 자극을 받으면 뇌 움직임이 활발해진다. 장시간 달리게 되면 우리의 뇌는 신체가 고통을 잊고 오랫동안 달리게 하기 위해서 엔도르핀을 분비하게 되는데 이 엔도르핀이 주는 쾌감을 못 잊어 몸이 피곤하더라도 달리기를 계속하게 되는 원리로, 마라톤을 하면 뇌의 노화 또한 방지할 수 있다는 것이다. 마라톤을 통해 베타 엔도르핀이라는 물질의 농도가 올라가 스트레스가 해소되며 극도의 쾌감을 느끼게 되는데, 이는 달리기를 지속할수록 얻게 되는 생동감과 든든한 자신감, 완주할수록 얻게 되는 성취감과 연결되고 목표 달성에 의한 희열을 부수적인 효과로 동시에 얻게 되는 것이다.

러너스 하이에 도달하면 오래 달려도 전혀 지치지 않을 것 같고 어디까지라도 계속 달리고 싶은 기분이 들게 된다. 많은 사람이 그 고통의 장거리를 달리는 이유 중 하나는 바로 나 자신과 벌이는 레이스에서 이겨내어 맛볼 수 있는 승리욕과 스릴이 있기 때문이다. 자기 자신과 혹은 상대방과 비교하며 즉시 벌이는 결투의 시합에서 오는 성취감과 경쟁심을 목적으로 사람들은 마라톤을 즐긴다.

금융영업도 종종 마라톤에 비유된다. 저 멀리 목표를 두고 시간을 따라 도달해 가는 점이 닮았기 때문이다. 특히 인내와 끈기를 가지고 결승점까지 달려야 한다는 점에서 비슷한 면모를 보인다. 때론 스스로 달리지 않아도 세월의 흐름에 따라 자연적으로 종착점에 도달하게 된다. 얼마만큼 열심히 달리는가, 빠르게 달리는가는 스스로에게 주어지는 몫이다. 내가 쉬는 동안에도 경쟁자들은 계속해서 달린다. 누군가는 나를 뛰어넘기도 하고, 이미 저만큼이나 나를 앞서고 있는 자도 있을 것이다. 내가 넘어지면 다른 사람들과의 격차는 더욱 벌어진다. 이것이 인생이다.

그러나 금융영업은 마라톤과 분명히 다른 점이 있다. 영업에서 1등이 한 사람은 아니라는 점이다. 마라톤에서는 기록이 가장 빠른 사람만이 1등이지만 금융영업에서는 누구나 1등이 될 수 있다. 나 자신의 삶에서 1등이 될 수도 있고, 더불어 사는 사회에서 누구나 1등이 될 수도 있다. 삶은 다양한 형태로 이루어진 사회이기 때문이다. 굳이 1등이 아니어도 좋다. 조금 뒤처져 뒷줄에서 달리고 있어도 괜찮다. 포기하지 않고 끝까지 달리는 사람이 1등이며 꼴찌로 달려도 세상의 흐름이 바뀌면 꼴찌가 1등이 된다. 그것이 금융영업 마라톤과 진짜 마라톤의 차이이다. 끝까지 달리는 사람이 1등이며, 1등이 된다.

자, 우리 금융 컨설턴트들이여! 긍정의 엔도르핀을 맞고 성공의 종착지를 향해 한사람의 포기함 없이 달려가자.

Never Give Up!! Never Give Up!!

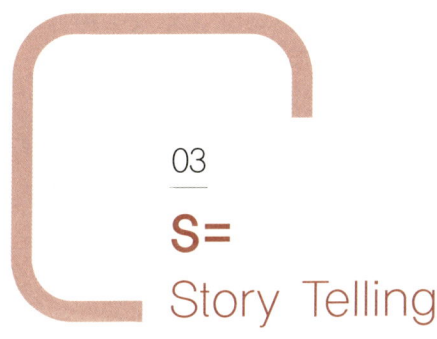

03

S=
Story Telling

**당신의 스토리가
스펙이 된다**

얼마 전 '나는 가수다'라는 프로그램에서 한 가수가 출현하여 큰 관심을 모았고 전 국민을 감동의 도가니로 몰아넣었다. 그 가수는 소녀시대도, 동방신기도 아닌 데뷔한 지 30년이나 지난 대한민국 로큰롤 대디 임재범이었다. 어떻게 자신의 음반 한 번 홍보한 적 없고 방송을 나온 적도 없는 그가 국민의 마음을 순식간에 사로잡았을까? 노래가 너무 완벽해서일까? 아니다. 요즘 노래 잘하는 사람은 주위에 부지기수다. 하나하나 알려지기 시작하는 그의 이야기들과 암으로 투병 중인 아내와 이야기, 남편이 무대에 서는 것을 보고 싶다는 아내 이야기, 이러한 아내의 병이 자신 때문이라는 말, 너무 가난해서 어린 딸에게 상처 주었던 이야기, 우울증과 조울증으로 방황했던 오랜 기억의 이야기, 이 모든 이야기가 많은 사람들로 하여금 연민을 느끼게 했다. 그리고 이런 인간미에서 나오는 노래는 감정이입이 되어 대중의 마음을 완벽히 사로잡은 것이다. 그래서 임재범은 더 이상 재야의 고수가 아닌 사랑하는 부인의 남편이자 대중적인 스타로 다시 태어난 것이다. 즉 이것은 그의 삶의 이야기가 노래라는 매개체를 통해 대중과 교감을 이루어 낸 완벽한 스토리텔링의 사례라고 볼 수 있다.

이렇듯 스토리텔링의 힘은 한 인간을 전설 혹은 신격화시킬 수 있는 엄청난 힘을 가지고 있다. 암을 이기고 다시 돌아와 투르 드 프랑스Tour de France에서 우승한 전설의 사이클 선수 랜스 암스트롱, 아버지의 죽음과 함께 코트를 장기간 떠났다가 'I'm Back'을 외치고 돌아온 마이클 조단, 교통사고로 다시는 운동을 할 수 없다는 진단을 받았지만 UFC로 다시 돌아온 이종격투기 선수 프랑크 미어, 이러한 스타들의 가슴 찡한 이야기에 대중은 한없이 몰입하는 것이다.

톨스토이는 말했다. 인간은 누구나 책 한 권을 쓸 수 있고, 그 속에서 주인공으로서 충분한 자격이 있다고. 이 말은 우리 모두가 자기 이야기의 주인공이며 남과 같지 않은 방식으로 대중에게 어필할 수 있는 충분한 요소를 갖고 있다는 것이다.

즉, 세 번째 성공 요인은 스토리텔링, 즉 자기만의 이야기가 있어야 한다는 것이다. 그러기 위해서는 자기가 제일 잘할 수 있고 열정을 지속적으로 쏟아부을 수 있는 분야에 대한 남들과 차별되는 스토리를 개발해야 한다.

그럼 현재 금융 컨설턴트 입장에서 스토리텔링, 자기만의 스토리를 어떻게 개발할까? 단순한 스펙의 나열이나 금융자격증의 나열은 고객에게 너무 식상하게 다가선 지 오래다. 별 도움이 안 되는 단순한 스펙의 나열보다는 우리가 세일즈하려는 무형의 금융상품에 Story를 입혀 우리 금융 컨설턴트들이 이 스토리를 가지고 연극을 하는 Actor가 되는 것이 좋다. 그럴 때 우리는 가수 임재범처럼 대중의 몰입을 이끌어 낼 수도 있는 것이다. 여러분이 이러한 Actor로 태어나기 위해서는 Step-By-Step 과정을 밟아 나가야 한다.

그 첫 번째가 바로 Role-Play이다.

스토리 향상 방안

표현되지 않은 지식은 쓰레기와 같다. 즉 금융 컨설턴트에게 있어 가장 큰 경쟁력은 표현력이다. 이것은 훈련을 통해서만 완벽해질 수 있기에, 이를 위한 철저한 준비와 연습이 필요하다. 이것이 Role Play다. 전문가는 충분히 자신의 것으로 만든 준비된 언어만

쓴다. 10년 이상 훈련된 배우들은 광고 촬영장에서 애드립을 하는 여유가 생긴다. 기대 이상의 노련한 애드립은 흥미를 유발하기에 관객으로부터 호응을 이끌어 낸다. 그러나 지금 막 데뷔한 신인이 바쁜 촬영장에서 대본 이외의 애드립을 남발한다면 과연 감독이나 관객은 이를 좋게 봐 줄 수 있을까? 1분 1초가 중요한 무대나 방송에서 준비되지 않은 애드립으로 촬영장 분위기를 당황하고 난처하게 하기를 반복한다면 이 신인은 더 이상 무대에 발을 들여 놓지 못할 것이다. 뺨이나 한 대 맞지 않으면 다행일 것이다.

당신이 영화배우라고 생각하라. 충분히 준비하고 훈련된 전문가라면 언제 어느 곳의 무대에서, 누구를 대면하고 있다고 하더라도 전문적인 연기를 넘어 그 이상의 노련한 애드립까지 능숙하게 발휘하는 최고의 배우가 될 수 있을 것이다.

즉 완벽한 Role Play 구사 능력을 여러분의 주특기로 삼으라는 것이다. 금융 컨설턴트의 과정은 가망고객과 판매과정에서 일어나는 경험적 스킬이다. 따라서 많은 가망고객을 만나 판매과정의 절대량을 늘리는 것이 Skill을 향상시키는 가장 좋은 방안이다. 자신의 팀이나 지점에서 판매활동을 가장 잘하는 금융 컨설턴트를 벤치마킹하라. 특히 전문가 시장이나 사업가 시장에서 성공한 금융 컨설턴트의 판매방식은 현장에 적용해도 좋을 정도로 유용한 스킬들을 많이 포함하고 있는 것이 일반적이기 때문에 이를 곧 스스로의 것으로 만들어 놓아야 할 것이다. 또한, 실전 판매과정과 동일한 콘셉트로 진행되는 Role Play는 판매과정에 활용할 수 있는 많은 스토리텔링을 체득할 수 있다. 실전에 적용할 수 있는 Role Play를 생활화하는 습관을 가지도록 노력한다면, 객관적으로 자신의 판매과정에서 활용할 수 있는 많은 스토리를 축적할 수 있을 것이다.

이를 위한 가장 이상적인 Role-play 방법은 2~3명이 짝지어서 팀워크를 하는 것이다. 그리고 On-Camera 방법 또한 매우 효율적이다. 대부분의 사람은 자신의 얼굴, 모습, 외모, 목소리를 음향기기를 통해서 듣는 것을 매우 어색해한다고 한다. 일반 사람은 평소 자신의 목소리를 음향기기를 통해서 들을 기회가 거의 없다. 우연한 기회에 자신의 목소리를 듣게 되면 상당히 낯설게 느낀다고 한다. 그 과정을 극복해 나가는 것이 On-Camera Role-Playing이다. 이는 실전을 위한 매우 유익한 방법이 되어 주며 스스로를 더욱 객관화하여 판단할 수 있도록 도와주기 때문에 더욱 전문화된 금융 컨설턴트가 되기 위하여 꼭 지녀야 할 스킬이다.

더 이상 사무실에서 평범한 일인으로 묻힌 채, 출·퇴근을 반복하며 시간 죽이기만을 한다면 당신의 인생에 빛은 없을 것이다. 당신만의 스킬을 연마하여 남들과 차별적인 전문가가 되어 당신의 특별한 존재감을 과시하도록 노력하자. 자신을 나아가게 하는 힘, 이러한 스토리텔링은 당신의 일을 평생 즐겁게 만들어 주고 그에 따른 보상도 자연스레 뒤따른다. 또한 그 분야 최고 전문가로서 성공까지 거머쥘 수 있는 비법이 될 것이다.

　우리 금융 컨설턴트들은 자신만의 스토리로 무장된 전문가가 되어야 한다. 그러기 위해서는 피나는 연습과 반복, 시행 착오 과정을 거쳐야 한다. 어느 날 갑자기 혜성처럼 나타난 스타는 없다. 남들이 모르는 노력을 안 보이는 데서 죽어라고 했음은 자명한 사실이다. 오리가 호숫가에서 유유히 편한 자세로 유영을 즐기는 것처럼 보이지만, 물속에서는 빠지지 않기 위해 엄청난 속도로 오리발을 구른다고 한다.

　성공한 사람들이 공통적으로 말하는 성공 비결 중 하나가 운이 좋았다는 것이다. 정말로 운이 좋았을까? 그 사람한테만 좋은 운이 온 것일까? 세상에 행운이란 없다고 생각하는 게 좋다. 필자도 금융영업하면서 운이 좋은 적은 한 번도 없었다. 그러나 M.D.R.T., T.O.T. 수상소감에서는 "운이 좋아서였다"고 이야기했지만 실은 남들이 보이지 않는 시간과 장소에서 엄청나게 노력했었다. 그래서 오늘날의 보람과 만족이 있는 것이라고 생각한다. 다시 한 번 명심하자. 금융영업에서 행운과 요행은 절대 없다. 부단한 연습과 과정을 통해 프로 세일즈맨이 탄생할 뿐이다.

프로는
탄생할 뿐이다

　한국 프로복싱의 간판스타이자 프로복싱 세계챔피언이었던 홍수환은 현란한 몸놀림과 스트레이트를 필살기로 가지고 있지만, 턱이 약해 유리 턱이라는 별명을 가지고 있었다. 그러나 그는 자신의 치명적인 단점을 보완하기 위하여 전장에 나가기 전에 이를 필사적으로 단련하며 단단한 턱을 위한 맷집을 길렀다. 또한, 주먹이 작아 펀치력이 약할 수밖에 없는 신체적 결점을 딛고 철저한 연습벌레가 되어 최강의 펀치력을 자랑하는 주먹을 만들었다. 그는 이야기한다. 만약 그가 다른 권투선수들처럼 '핵주먹'이나 '지옥의 강펀치'와 같은 센 주먹을 이미 가졌었다면 챔피언이 되지 못했을지도 모른다고 했다. 지독한 연습과 훈련으로 오늘날 세계 복싱 챔피언이 되도록 해준 턱과 주먹을 단련시킨 것이다.

　인생에는 연습이 없다. 그러나 금융 컨설턴트에게 있어 아주 다행이자 행복한 것은 영업에는 연습이 있다는 것이다. 우리는 전장에서 승리하기 위하여, 고객과의 실전 만남에서 최고의 비즈니스 능률을 이끌어 내기 위하여 미리 시뮬레이션을 설정하여 충분히 훈련하며 사전 보완할 수 있다. 홍수환 선수 또한 이러한 단점을 보완하고 장점으로 승화시키는 과정이 없었다면 챔피언의 영광을 누릴 수 없었을 것처럼, 충분한 연습과 노력을 통하여 스스로 지닌 최고의 능력을 이끌어 낼 수 있는 자만이 챔피언이 되는 것임을 명심하자.

우리가 사는 21세기 금융환경은 더 이상 수치화, 순위 정렬화된 자료를 통해 '고객은 무언가'를 판단하지 않는다. 영업만의 꿈과 문화, 정체성이 담긴 스토리가 고객의 감성을 자극해서 계약까지 연결되는 스토리텔링의 시대이다. 이야기의 힘, 즉 스토리텔링의 힘으로 상대방이 나의 말에 몰입하게 하는 당신만이 가진 단 하나만의 유일한 이야기가 있어야 한다. 상대방의 마음을 움직이고 변화를 이끌어 내는 능력을 갖춘 이가 되도록 노력해야 남들과 차별화된 경쟁력을 지닐 수 있다. 이제는 나를 당당히 표현할 수 있고 남들과 다른 매력을 갖춘 금융 컨설턴트가 되기 위해 자기만의 이야기를 주도하는 주인공이 되자.

04

H=
Habit

사람의 사주팔자와 운명은 정해져 있는 것일까? 사람의 사주팔자는 삼신할미가 이미 정해 놓았다고 한다. 그래서 정해진 팔자는 고치기 어렵지만, 운명은 바꿀 수도 있다고 한다. 매번 반복적인 행동으로 굳어진 사람의 습관은 인생이 되고 그 인생은 운명이 된다. 그러므로 습관으로 말미암아 맺힌 운명은 충분히 바뀔 수 있기에 꿈과 목표를 가지고 이를 실천하기 위한 좋은 습관이 무엇보다도 중요한 것이다.

당신의 무난한 인생과 영업에서 성공을 이루게 하는 가장 큰 네 번째 요인은 바로 H = Habit이다. 금융 컨설턴트로의 성공을 위해서는 오늘날의 좋은 습관들이 모여 준비된 당신의 내일, 당신의 성공된 미래가 있는 것이다.

에밀 루소는 사람은 진화하는 동물이며 습관의 집합체라고 정의했다. 즉 습관이라는 것은 인간을 정의하기 위한 정체성의 한 부분이다. 습관은 반복적인 행위로 몸에 밴 행동 혹은 성질로 고치기가 매우 어렵다. 사람은 쉽게 변하지 않기 때문이다. 그러나 삶에 있어 더욱 발전하기를 원한다면 나쁜 습관을 없애고 좋은 습관을 길러야 함이 마땅하다.

성공하는 사람이란 습관을 바꿀 수 있는 사람이고, 실패하는 사람이란 습관을 바꾸지 못하는 사람이기 때문이다. 말과 행동, 그에 따른 습관으로 이루어진 사람은 그 사람 그대로 나타낸다. 한 사람으로부터 외적으로 보이는 것들은 표현하는 대로 보이길 의도한 행동의 결과물로 나타나기 때문이다. 습관을 바꾼다는 것은 그 습관의 주인인 사람의 인성을 바꾼다는 것이고 더 나아가 운명과 인생을 바꾸는 것이다. 이미 익힌 잘못된 습관을 없애는 것은 새로운 습관을 익히는 것보다 힘들다. 또한, 이미 좋은 습관을 지니고 있다면 이를 더욱 유익하게 만들어야 한다. 몸에 한번 깊이 밴 습관은 하루아침에 사라지지 않기에 좋은 습관을 기른다면 이는 평생 당신의 인생을 든든하게 지켜 줄 수 있을 것이다.

그러기 위해서는 일단 앞으로 어떤 삶을 살 것인가를 결단 내려야 한다. 이는 목표가 되고 당신 꿈의 희망 결과를 반영한다. 좋은 습관을 가지고 올바르고 정확하게 꿈의 계획을 마련해 놓는다면 이는 실행을 위한 튼튼한 에너지가 되어 줄 것이다. 내린 결단을 위하여 현재 자신의 위치를 점검하는 자기진단을 해 보고 드림 리스트를 작성하자. 생생한 드림 무비를 통하여 목표를 수립한다면 꿈을 위한 완벽한 실천 계획서가 완성될 것이다. 이것을 휴대전화로 찍어서 바탕화면에 설정해 두고 매일 새기도록 하자. 당신의 가장 큰 자극제가 되어 심장을 뛰게 해 줄 것이다.

좋은 습관을 갖기 위한 진행 과정

1. 결단
지금 성공적인 습관을 갖기 위한 결단을 내려라
나는 내 운명의 주인이다

내가 추구할 수 있는 가장 최고의 삶을 꿈꾸며, 최선을 다해 살고자 하는 열망과 결단력으로 자발적인 의지를 갖고, 꿈을 실현하기 위해 매일 매일을 열정적으로 살아가는 내 운명에 대한 책임의식을 가져야 한다.

"의도적인 삶이란 목표를 명확히 하고, 가슴을 열고, 마음을 활기차게 갖는 것이다. 그것은 자신의 운명을 결정할 수 있는 힘을 준다."

도전하고자 하는 명확한 목표를 세우고 이를 위한 주도적인 삶을 살아가기 위하여 우리의 가슴을 설레게 하고 자극하는 동기는 다양하다. 실망이나 비극적인 사건으로 인하여 한 번쯤 넘어졌을 때, 그 고통에서 벗어나기를 원할 때, 시간이 갈수록 삶의 질이 떨어지고 있다는 사실을 깨닫게 될 때, 어떤 사소한 것으로부터 삶에 대한 긍정의 영감을 받을 때, 크고 작은 성공 경험으로 목표 달성에 대한 달콤함을 맛볼 때, 앞으로 나아가 더 큰 목표를 이룰 수 있다고 확신을 할 때, 자신이 의지를 가지고 의도하는 바에 따라 앞으로 무엇을 얻게 될지 정해진다. 결단은 꿈을 위한 가장 첫 발걸음이 되어 준다. 어딘가에 도달하기 위해서는 첫 발을 내디뎌야 하듯이 무언가를 시작하기 위해서는 반드시 결단이 필요하다.

앞으로 당신의 운명을 결정짓는
인생 최고 결단의 순간에 과감히 진입하라

TV 속 수많은 조연 배우 중 한 명이던 송승환은 지금 한 회사의 대표로서, 또 연극기획자로서 브로드웨이를 사로잡은 한국문화예술의 선두주자이자, 연예인 성공신화의 주인공이 되었다. 그가 이끌었던 넌버벌 퍼모먼스 〈난타〉로 세계를 난타하며, 한국 뮤지컬 작품을 세계적인 문화상품의 반열에 올려놓았다. 또 국가 문화 이미지 향상에도 큰 공을 세워 대한민국 문화예술상의 문화부문 수상자로 대통령상까지 수상하였다.

그는 〈난타〉로 세계 문화 정복을 꿈꾸며 일반 연기자에서 공연기획자가 되기로 선택한 결단이 인생 최고의 순간이었다고 말한다. 부모님의 사업실패로 단칸 셋방살이를 전전하며 넉넉하지 못한 환경에서 자란 그는, 극단에 입문하면서 20대 초반부터 꿈꾸었던 연기의 길로 접어들었지만, 연기만이 그의 인생 전부가 되진 못한다는 것을 깨닫게 되었다고 한다. 만성적인 피로와 수면 부족, 스트레스로 인하여 연기의 열정을 잃었던 그는 많은 연예인 중 한 사람으로 적당히 한두 편의 드라마나 영화에 나오면서 살아가는 안정된 삶을 원하지 않았다. 모험을 감행한 것이다. 평소 생각해 오던 뮤지컬 공연기획의 꿈에 도전하기 위하여 미국 유학을 결심했다. 새롭고 뜨거운 열정이 솟고 있는 꿈을 포기하려 하지 않았다. 그는 실패의 위험을 무릅쓰더라도 일단 도전하고, 마음이 움직이는 곳으로 달려가 한번 부딪쳐 봐야 미련이라도 남지 않을 것이 아니겠냐고 말한다.

해외에선 넌버벌Non-Verbal 퍼포먼스가 매우 인기를 얻고 있다는 소식을 우연히 접하게 된 그는 자신의 아이디어를 실행하기 위하여 수많은 힘든 여정을 거쳐야 했다. 다소 늦은 나이에 떠난 유학에서 성공으로 가는 길은 멀기만 했다. 욕심은 넘쳤지만 경제적으로도 여유롭지 못했고, 과연 성공할 수 있는가의 여부도 확신할 수 없었지만 그는 꿈을 위해 강하게 밀어붙였다. 곧 이 뮤지컬은 무서운 흥행 돌풍과 함께 굉장한 폭발력을 발휘한 세계적인 뮤지컬 〈난타〉가 되었다.

"뭔가 해야 되는데, 하는 마음만 있을 뿐 아무것도 하지 못하는 경우에는 몸과 마음이 다 피곤해진다. 하지만 조금 힘든 여건에서라도 하고 싶은 대로 밀어붙이면 비록 몸은 고달플지라도 마음은 편해진다. 몸과 마음이 다 고생하는 것보다는 차라리 어느 한 쪽이라도 편한 게 낫지 않겠는가."

지금 당신은 금융 컨설턴트로 성공을 꿈꾸고 있는가?
당신은 성공을 경험한 적이 있는가?
당신은 성공을 경험하기를 진심으로 원하고 있는가?
그럼 당장 결단을 내려라. Right-Now!!

2. 자기진단

1) 현재 자기진단

현재 우리 금융 컨설턴트로서 자신의 모습을 정확히 진단해 보길 바란다. 당신이 가진 자산은 얼마나 되는가, 집은 몇 평인가, 전세인가 월세인가 등 현실적인 수치를 정확히 입력하는 것이 좋다.

현재 당신의 자산규모, 인적 네트워크, 자신의 경쟁력이 되어 줄 남들과 차별화된 능력 3가지 이상, 평소의 독서량과 가장 최근에 읽은 책은 무엇인지 다시 한 번 떠올려 보아라. 그리고 당신의 평균 운동량은 얼마나 되는지 그 방법은 무엇인지, 평소에 습관처럼

현재	평가
자산 형성	집 : 자가 (　　　평) 전세 (　　　) 월세 (　　　) 차 : 차종 (　　　) 빚 : 금액 (　　　) 이자율 (　%) 　　상환 기간 (　　) 이유 (　　　　) 예금 : 금액 (　　　) 종류 (　)
인적 네트워크	당신은 지금 병에 걸려 아프지만 수술비가 없다. 지금 당장 전화를 걸어 500만 원을 빌릴 수 있는 사람은? 지인 (　명) 이름 (　　　　) 친구 (　명) 이름 (　　　　)
자신의 경쟁력	남들보다 잘할 수 있는 능력을 구체적으로 3가지 이상 적어라. 1. 2. 3.
독서량	한 달 독서량 (　　　권) 최근에 읽은 책 (　　　　　　)
운동량	일주일 운동량 (주　회,　시간) 운동 방법 (　　　　　　)
나쁜 습관	나쁜 습관 3가지 (　　　　　　) 위 3가지의 개선 방법 (　　　　　　)

행하던 나쁜 습관은 없는지 당신 스스로를 머릿속으로 진단하고 마음속으로 평가하는 시간을 가져라. 단, 3분의 시간 안에 이 진단서 작성을 모두 끝내야 한다. 3분 고민한 결과와 30분 고민한 결과는 크게 다르지 않다.

자기 진단 중 당신이 갑자기 병에 걸려 수술비 500만 원이 필요하다고 가정했을 때, 당장 지불할 병원비 500만 원을 친구에게 빌릴 수가 있는가? 민감한 문제일 것이다. 그렇지만 지금 현금 500만 원을 빌릴 곳이 없다는 것은 당신이 그만큼 베풀지 않았기 때문이다. 세상은 이토록 공정한 것이다. 이것은 누구의 탓도 아니다. 모두 자업자득, 자신의 탓이다. 과거를 허비하며 흘려보냈던 인생과 시간으로부터 당신은 복수를 당한 것이다.

세월이 지날수록 더욱 치명적인 시간의 복수를 방지하기 위해서는 지금, 현재 더욱 귀한 '오늘'을 살 필요가 있다. 이를 위한 자기진단서는 당신을 판단할 수 있는 가장 객관적인 수치가 되어줄 것이다. 당신 혼자만 볼 수 있는 것이며, 이는 솔직할수록 더욱 발전하고 만족할 수 있도록 자극을 주는 계기가 되어 줄 것이다.

2) 3년 후 자기진단

앞에서 현재 자기진단을 마쳤다면 3년 후 자신의 모습을 상상하며 다시 한 번 진단해 보아라. 당신의 희망과 목표가 담긴 3년 후 자기진단 평가는 그리 멀지 않은 미래이기에 목표 달성 의지를 자극시켜 줄 충분한 인생계획서가 되어 줄 것이다.

만약에 이전에 실시한 [현재 자기진단]에서 500만 원을 빌릴 곳이 없었다면 3년 후의 나의 모습에서 이를 보완하면 될 것이다. 운동량이 부족했다면 3년 후 변해 있을 당신의 모습을 상상하며 희망 진단서를 스스로 써 보도록 하자. 조금 더 욕심 부려 5천만 원을 기재해도 좋다. 노력하면 당신은 충분히 달성할 수 있을 것이다. 3

3년 후	평가
자산 형성	집 : 자가 (평) 전세 ( ) 월세 ( ) 차 : 차종 ( ) 빚 : 금액 ( ) 이자율 (%) 　　상환 기간 ( ) 이유 ( ) 예금 : 금액 ( ) 종류 ( )
인적 네트워크	당신은 지금 병에 걸려 아프지만 수술비가 없다. 지금 당장 전화를 걸어 500만 원을 빌릴 수 있는 사람은? 지인 (명) 이름 ( ) 친구 (명) 이름 ( )
자신의 경쟁력	남들보다 잘할 수 있는 능력을 구체적으로 3가지 이상 적어라.
독서량	한 달 독서량 (권) 최근에 읽은 책 ( )
운동량	일주일 운동량 (주 회, 시간) 운동 방법 ( )
좋은 습관	1. 2. 3.

년은 아주 가깝지도, 그리 멀지도 않은 시간이다. 3년 동안 당신이 베풀었다면, 스스로 노력했다면 결과는 반드시 나타날 것이다. 다시 한 번 복수하라. 이번에는 당신이 시간에게.

3. 드림 리스트

1) 드림 리스트

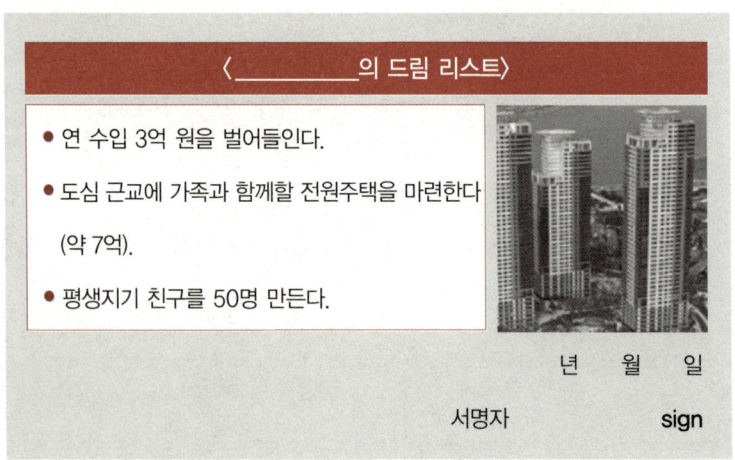

꿈이 실현되었을 당시의 모습을 상상하라. 또한, 그 꿈을 이뤘을 때 당신 스스로에게 물질적으로 보상해 줄 수 있는 것 3가지를 써 넣어라. 간략한 물질적 목표 세 가지를 적어 휴대전화 바탕화면으로 설정하고 매일 보면서 스스로를 자극하라. 물론 여기서 정신적인 것은 될 수 있으면 지양하도록 한다. 인생을 살면서 물질이 전부가 아니다. 그렇지만 눈에 나타나는 것에 대한 물질적·객관적인 수치는 당신의 노력을 보상해 주며 직접적으로 동기부여를 해 줄 것이다.

2) 드림 무비 시놉시스

⟨_____의 드림 무비 시놉시스⟩

지난달 고액 계약을 성사시켰다. 2013년 6월 25일 오전 10시 역삼점 ××은행으로 헐레벌떡 달려가 급여 통장을 찍어보았다. 아직 가을 양복을 입고 달려온 탓에 등에 땀이 나고 매우 덥게 느껴진다. 열을 식히기 위해 손으로 부채질을 하면서 떨리는 손으로 통장을 기계에 넣는 순간이 마치 1시간처럼 길게 느껴져서 발을 동동 구른다.

가슴은 콩당콩당 뛰고 얼굴은 약간 상기된 채로 통장이 정리되는 기계 소리를 듣는다.

정확히 13,000,000의 금액이 찍혀 나왔다. 뺨을 한번 꼬집어 보며 다시 뚫어져라 쳐다본다. 아픈 걸 보니 허상은 아닌 듯하다.

안도의 숨을 쉬며 아내에게 재빨리 전화를 건다. 신호가 세 번 울리고 아내가 전화를 받자 나도 모르게 큰 소리로 말이 빨라지면서 정신 없이 급여에 대해 얘기한다. 아내도 많이 기뻐해주자 나는 은행의 벽을 손바닥으로 두드리며 흥분한다. 오늘은 내가 멋진 곳에서 비싼 저녁을 사 주겠다며 아내에게 근사한 저녁 데이트를 신청하자 아내는 고맙다며 전화기에 대고 뽀뽀를 해 준다. 가슴이 뿌듯해지면서 입가에 미소가 번진다.

드림 리스트를 바탕으로 만든다.
1~3분짜리 오감을 이용한 매우 구체적이고 선명한 영화를 만든다.
반드시 해피엔딩이어야 한다.

드림 리스트를 바탕으로 자세한 시놉시스를 만들어 보자. 1~3분짜리 오감을 이용한 매우 구체적이고 선명한 영화를 만들고, 이는 반드시 해피엔딩이어야 한다. 꿈은 자신이 믿는 만큼만 이루어지게 되어 있다. 자신조차 확신할 수 없는 꿈으로 드림 리스트를 만드는 것은 바람직하지 않다. 실현될 것이라 확신하는 목표로 드림 리스트를 만들고, 이후 드림 리스트를 조금씩 높게 수정해나가는 것이 더 확실하고 빠른 꿈 성취법이다.

드림 무비 시놉시스 작성 시 고려 사항

1. 당신이 처해 있는 모습과 주변 상황을 생각해 보자. 사람들 앞에서 수상소감을 말하고 있는가? 고액 자산가와 계약 성사를 시키고 있는가? 아니면 급여 날 가족들과 즐거운 시간을 보내고 있는가? 어떤 곳에 있는가? 집인가? 아니면 사무실인가? 책상에 앉아 있는가?

2. 주변에는 무엇이 있는가? 어떤 물건이 있는가? 어떤 모양이며 색깔, 크기는 어떠한가? 당신으로부터 거리는 얼마나 되는가?

3. 누구와 함께 있는가? 혼자 있는가, 아니면 다른 사람과 함께 있는가? 그들은 아는 사람인가? 당신으로부터 얼마나 떨어져 있는가? 그들은 서 있는가? 그들은 어떤 옷을 입고 있는가? 어떤 디자인, 어떤 색깔의 옷을 입고 있는가?

4. 당신은 무엇을 하고 있는가? 누구와 대화를 하고 있는가? 차를 마시고 있는가? 당신의 자세나 모습은? 고개는 들고 있는가? 시선은 어디를 향하고 있는가? 무엇을 보고 무슨 소리를 듣고 있는가? 입 모양은 어떠한가?

5. 당신은 어떤 옷을 입고 있는가? 어떤 디자인, 어떤 색깔인가? 그 옷을 입은 느낌은 어떠한가? 당신은 어떤 표정을 하고 있는가? 웃고 있는가? 아니면 편안한 표정인가? 당신의 기분은 어떠한가? 편안한가? 즐거운가? 긴장하고 있는가?

_____의 드림 무비 시놉시스

미래 설계 예문

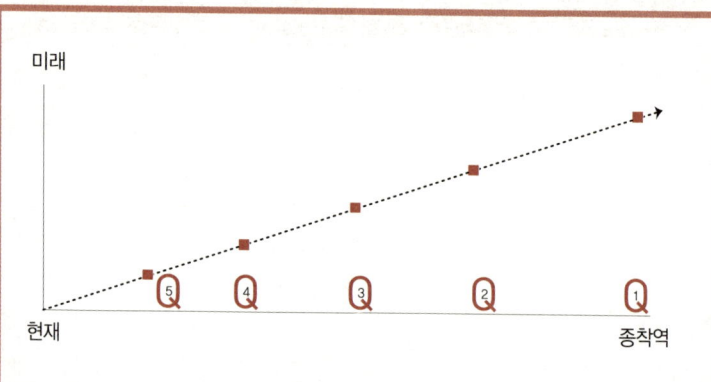

Q1. 내 삶의 최종 목표

나 ×××는 내 운명의 주인으로서 열정을 품고 사회적 성공을 하며 향후 100억을 사회에 기부하며 노블레스 오블리주를 실현한다.

결심 이유 내 이름 석자를 세상에 남김으로써 세상에 기억되며 이를 남과 나누기 위해.

Q2. 직업관

나는 Top3 안에 들어가며, 최고의 영향력 있는 매니저, 강의, 출판을 통해 전문강사, 집필자가 된다.

결심 이유 사업가 마인드로 내가 노력한 만큼의 보상을 받으며 전문성을 갖추기 위해.

Q3. 2020년 장기 목표

나는 2020년에 자산 200억(아파트 100평 1채, 별장 등)을 가지고 내 이름을 건 자선단체를 설립한다.

결심 이유 여유로운 삶을 위한 재정적 뒷받침과 나의 브랜드를 가진 사업으로 꿈의 실현을 위해.

Q4. 2015년 중기 목표

나는 2015년에 자산 50억(아파트 70평 1채, 포르쉐)을 가지고 인맥 1,000명 확보에 도달한다.

결심 이유 안정적인 가정을 이루고 향후 개인사업을 위한 네트워킹을 미리 준비하기 위해.

Q5. 2012년 단기 목표

나는 2012년에 최고의 매니저가 되어 있으며, 책 3권을 출간하고 연말까지 연 소득 10억을 성취한다.

결심 이유 계획한 세계일주 여행과 향후 내 꿈의 실현을 위해.

_____의 미래 설계

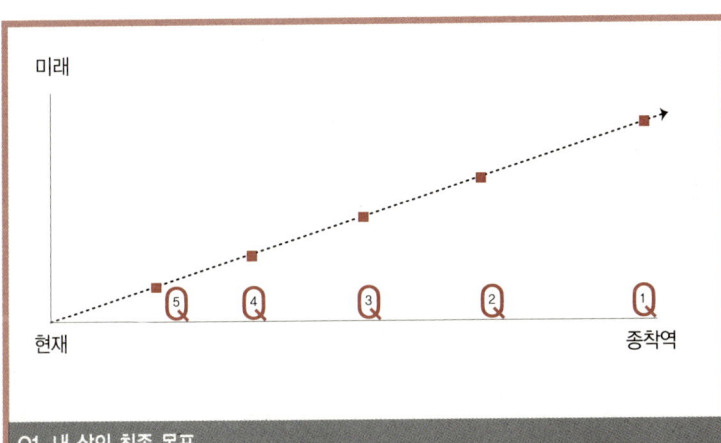

Q1. 내 삶의 최종 목표

1. 목표
2. 결심 이유

Q2. 직업관

1. 목표
2. 결심 이유

Q3. 2020년 장기 목표

1. 목표
2. 결심 이유

Q4. 2015년 중기 목표

1. 목표
2. 결심 이유

Q5. 2012년 단기 목표

1. 목표
2. 결심 이유

4. 목표 설정법

1. 단순하고 측정 가능하도록, 즉 목표 달성 여부를 확인할 수 있도록 수치화하는 것이 좋다.
2. 비현실적인 목표를 설정하지 않도록 해야 한다.
3. 시간적 한계를 정하는 것이 좋다.

1) 목표가 없다는 것

우리는 배를 타고 여행하기 위해 일단 바닷가로 나간다. 부두에 입항되어 있는 배를 타면 선장이 수포에 돛을 달고 배는 출발한다. 배의 손님인 당신을 향해 선장이 목적지를 묻는다. 이때 당신은 단번에 목적지를 대답할 수 있는가? 대부분 곧바로 당당하게 대답하지 못한다. 태평양으로 갈지 대서양으로 미리 계획해 놓지 않았기 때문이다. 일단 평소에 대충 말로 들은 미국 뉴욕을 향해 가자고 주문한다. 그러자 바람의 방향이 거세어 역풍이 불었다. 일본으로 가야 했다. 다시 머나먼 길을 돌아간다. 유럽의 날씨가 좋다는 소식을 들었다. 다시 서쪽으로 유턴한다. 당신은 배 위에서 세월을 보내며 이렇게 목적도 방도도 없는 항해를 계속한다. 과연 선장은, 배는, 당신은, 목적지에 도착할 수 있을까? 목적지에 도착하기까지 도대체 얼마의 시간이 걸릴 것인가?

당신은 어떤 배를 탈 것인가? 당신이 일본에 가기를 원할 때, 정확히 2시간 후면 도쿄에 곧바로 도착하는 일본발 직행 노선을 탈 것인가, 미국과 유럽을 정처 없이 맴돌다 언제 도착할지 혹은 도착할 수 있을지 없을지도 모르는 배를 탈 것인가? 앞서 얘기한 것과 마찬가지로 목표가 없다면 목적지 없는 무모한 배를 타는 것과 마찬가지인 것이다.

2) 결심한 이유의 가이드 라인 자기사명서 이용 수칙

- 그 목표를 반드시 달성하겠다고 결심한 이유가 무엇인지 한 문단으로 써보라.
- 그 목표가 왜 그토록 나를 들뜨게 하는 것일까?
- 그것을 달성해서 얻는 것은 무엇인가?
- 그것을 달성하지 못해서 잃어버리는 것이 있다면 무엇인가?
- 그런 이유들이 내가 끝까지 실천하기에 충분한 동기가 되는가?
- 만일 그렇지 않다면 다른 목표를 찾거나 더 나은 이유를 찾아보라.

- 목표 설정이 끝난 후에는 구체적인 계획을 만들고 그것을 실현하기 위한 지속적이고 과감한 행동을 취하라.
- "내가 선택한 목표를 달성하기 위해 바로 오늘 내가 해야 할 구체적인 행동은 무엇인가?", "내가 원하는 그 모든 것을 이루기 위해 나는 어떤 사람이 되어야 할까?"라고 끊임없이 스스로에게 질문하라.
- 항상 보이는 곳에 붙여 놓거나 지갑 속에 넣어 들고 다녀라.

- 자주 큰 소리로 읽어보며 자신의 목표를 사람들 앞에서 공언하라.
- 이미 세운 목표는 이를 달성하기 전에 더 높은 목표로 다시 세워라.
- 하루에 적어도 두 번씩 목표들이 하나씩 이루어지는 것을 머릿속으로 상상하고 그 기쁨을 느끼도록 하라.

신동과 천재는 태어나는 걸까? 만들어지는 걸까?
탁월함은 유전되는 것일까?

우수한 능력을 가진 자들을 Best Player라고 우리는 말한다. 이들은 일반인보다 우수한 유전적인 DNA를 지닌 것일까? 그러한 우월한 유전자가 존재하는 것일까?

테니스의 황제 안드로 에거시는 타의 추종을 불허하는 테니스 슈퍼스타였다. 에거시가 오늘날 최고의 테니스 스타가 된 것은 그의 피나는 노력과 훌륭한 아버지를 둔 덕분이었다. 그의 아버지에게 에거시의 교습 비결을 묻자 그는 대답했다. 성공비법은 테니스공을 하루에 2,500개씩 날마다 꾸준히 치는 것이었다. 하루에 2,500개의 공을 친다면 일주일이면 1만 7,500개, 1년이면 91만 2,500개 즉, 약 백만 개의 공을 치게 된다. 결국 남들보다 더 피나는 노력과 열정적인 연습 습관으로 앞서게 된 것이고, 누구도 따라올 수 없는 천하무적 테니스 선수가 된 것이다.

백만 개의 공을 치도록 날마다 아들을 혹독한 훈련장으로 이끌어 주었던 아버지의 교습법은, 오늘날의 에거시와 같은 골프 신동이나 유명 운동선수, 천재적인 예술가들이 단지 천부적인 유전자를 가졌기 때문은 아니라는 사실을 여실히 보여 준다. 단지 이 철저한 연습 습관을 기본으로 한 노력하는 삶을 살았기 때문에 지금 최정상의 자리에 선 베스트플레이어가 탄생할 수 있었던 것이다.

보통 사람이 어떤 분야에서 숙달되기 위해서는 약 1만 시간의 법칙이 필요하다고 한다. 1만 시간은 대략 하루 세 시간, 일주일에 스무 시간씩 10년간 연습한 것과 같다.

빌 게이츠는 1968년 첫 공유 터미널을 이용한 프로그래밍을 시작한 이후 1만 시간을 그 일에 몰두한 뒤 마이크로소프트를 창립했고, 빌 조이는 1971년부터 하루 10시간씩 모두 1만 시간을 컴퓨터 앞에서 보낸 후 선마이크로시스템즈의 창립자가 되었다. 전설적인 밴드인 비틀즈 또한 그룹 초창기에 한 클럽에서 매일 8시간이 넘는 연습을 해야 했다. 그것은 그들에게 지속적이고 반복적인 연습의 기회와 새로운 연주 방법을 시도할 수 있는 계기를 마련해 주었고 첫 성공을 거둔 시점인 1964년까지 그들은 10년이 넘는 시간 동안 대략 1만 시간의 연습기간을 거치게 되었다. 즉 모든 분야의 성공은 '1만 시간 이상의 노력'이 있어야 성취할 수 있는 것이다.

　필자는 어느 분야에서든 1만 시간보다 적은 시간을 연습해 세계 수준의 전문가가 탄생한 경우를 거의 보지 못했다. 어쩌면 두뇌는 진정한 숙련자의 경지에 접어들기까지 그 정도의 시간을 요구하는지도 모른다. 그 분야의 최고가 되기 위해서는 빌 게이츠, 비틀즈 등과 같이 1만 시간 이상 동안 한결같이 여건과 문화를 스스로 조성하여 노력과 열정을 다한다면 당신만의 성공신화를 새롭게 만들 수 있는 것이다.

　금융 컨설턴트들은 명심해야 할 것이다. 성공하는 사람은 무에서 유를 창조하는 것으로, 재능과 지능으로 이루어진 놀라운 성공 신화는 하루아침에 탄생하는 것이 아니다. 여러분이 빌 게이츠보다 타고난 컴퓨터 천재인가? 모차르트보다 위대한 클래식 신동인가? 이러한 결과와 같이 선천적인 요인보다는 후천적인 노력만이 성공을 보장하는 데 있어 가장 정확한 성공 요인이 된다. 이런 보통 사람들과 차별화된 노력만이 성공을 보장하는 것이다.

　금융 컨설턴트들의 성공을 위해서 필자가 이 책을 통하여 마지막으로 전달하려는 메시지는, 꿈을 향해 1만 시간 이상, 즉 매일 노력하며 열심히 그리고 꾸준히 달려 나가라는 것이다. 모든 성공의 시작은 미미했으나 결국 꿈을 꾸고 갈구하는 사람은 반드시 성공하도록 되어 있다. 꿈을 이룰 때까지 노력한다면 그 성공률은 100%가 되기 때문이다.

독서와 신문, 정보 습득을 통하여 지적인 능력을 갖추는 [Reading], 항상 긍정적인 태도로 건강한 육체와 정신을 기르며 [Affirmation], 자신만의 스토리를 갖춘 주특기를 향상시켜[Story telling] 이를 바탕으로 목표를 세우고 좋은 습관을 기르며 꿈을 향해 나아가는 것[Habit]은 꿈을 향한 완벽한 금융 컨설턴트의 성공 공식이 될 것이다. 당신 또한 성공 신화의 주인공이 될 것이며, 이 꿈을 달성할 그 순간의 행복을 만끽하는 때는 너무나도 행복할 것이다. 깨어나고 싶지 않은 꿈 같은 현실 속에서 자꾸만 새로운 성공의 꿈을 꾸려고 할 것이다.

이 꿈의 주인공인 금융 컨설턴트들이여 마지막 한 가지만 기억하자. **"꿈이 이루어지지 않을 때는 꿈꾸지 않을 때뿐이다."** 지금 당장 시작하라. 당신이 꿈꾸던 미래는 당신만을 위하여 기다리고 있을 것이다. 필자가 할 수 있었듯이 당신들도 할 수 있다. 당신들은 더욱 잘할 수 있을 것이다.

I CAN DO IT!! YOU CAN DO IT!! YES WE CAN!!

성공 방정식

I CAN DO IT!

YOU CAN DO IT!!

YES, WE CAN DO IT!!!

에필로그

마차의 차주가 되지 말고, 그 HOW를 찾아라!

필자는 20년간 금융인으로 살아오면서 금융 컨설턴트란 직업에 대해 무한한 만족감과 그동안 인연을 맺었던 금융인과 고객이 되어 주신 많은 분들에게 진심어린 감사의 말씀을 드리면서 이 길을 걷고 있는 금융 컨설턴트 분들에게 마지막으로 두 가지 말씀을 드리고자 한다.

그 첫 번째는 현실에 안주함 없이 변화하고 도전하라는 것이다. 100년 전 마차는 최고의 교통수단이었다. 그 당시 최고의 일류기업은 물론이거니와 너나 할 것 없이 마차사업에 뛰어들어 회사를 설립하고 첨단 마차와 말 장신구 등의 개발에 앞장섰다. 그러나 시대는 빠르게 변화하였고 어느 누구도 전기기관차와 자동차가 교통수단을 대신할 것이라고 예상하지 못했다. 그 결과 마차사업에 뛰어든 모든 사람들은 망했다. 사람이든 회사든 변화를 예측하는 능력이 절실히 필요하다. 우리는 마차의 차주가 되어서는 안 된다는 것을 절대 잊지 말아야 한다.

필자는 은행 PB라는 안정적인 직장을 버리고, 보험회사 컨설턴트에 도전해 정상에 섰고, 또한 자산 관리회사를 설립하여 부동산 경매, 주식 중개 일을 하다가 정상에 섰다. 또한 영업 조직 구축이라는 필명에 도전하여 최단 기간에 최정예 조직을 구축하기도 했다. 또한 지금은 앞으로 새롭게 다가올 금융 마케팅 분야에 도전하기 위해 적지 않은 나이에 대학원도 다시 등록하여 뉴 트랜드에 대해 공부하고 있으며, 회사를 설립하여 집필·강연·재테크 분야 소프트웨어 개발에 매진하고 있다.

금융영업도 인생과 마찬가지로 분명한 사이클이 있다. 높은 산의 정상에 오를 때가 있으면, 언젠가는 반드시 깊은 골을 만나게 되는 것이다. 그럴 때를 대비하여 항상 준비하라는 것이 현자의 길이다. 영업이 잘되고 있을 때 새로운 다른 마케팅 방법을 강구해야 롱런할 수 있다.

지금 몇 명의 Key Man, 충성고객이 남은 금융영업기간 동안 추가적으로 당신에게 얼마나 기여할 수 있을까? 답은 지금 당장 새로운 고객 발굴을 향해 매진하라는 것이다. 당신의 지금의 성공 방법과 기술이 6개월 후에 성공을 똑같이 담보하지는 못한다. 성공의 방법은 결코 되풀이되지 않기 때문이다. 끊임없이 변화하고 새로운 마케팅 방법 및 일에 도전하라! 그러면 반드시 금융 컨설턴트로서의 새로운 성공과 비전을 경험할 것이다.

에필로그

마차의 차주가 되지 말고, 그 HOW를 찾아라!

필자는 20년간 금융인으로 살아오면서 금융 컨설턴트란 직업에 대해 무한한 만족감과 그동안 인연을 맺었던 금융인과 고객이 되어 주신 많은 분들에게 진심어린 감사의 말씀을 드리면서 이 길을 걷고 있는 금융 컨설턴트 분들에게 마지막으로 두 가지 말씀을 드리고자 한다.

그 첫 번째는 현실에 안주함 없이 변화하고 도전하라는 것이다. 100년 전 마차는 최고의 교통수단이었다. 그 당시 최고의 일류기업은 물론이거니와 너 나 할 것 없이 마차사업에 뛰어들어 회사를 설립하고 첨단 마차와 말 장신구 등의 개발에 앞장섰다. 그러나 시대는 빠르게 변화하였고 어느 누구도 전기기관차와 자동차가 교통수단을 대신할 것이라고 예상하지 못했다. 그 결과 마차사업에 뛰어든 모든 사람들은 망했다. 사람이든 회사든 변화를 예측하는 능력이 절실히 필요하다. 우리는 마차의 차주가 되어서는 안 된다는 것을 절대 잊지 말아야 한다.

　필자는 은행 PB라는 안정적인 직장을 버리고, 보험회사 컨설턴트에 도전해 정상에 섰고, 또한 자산 관리회사를 설립하여 부동산 경매, 주식 중개 일을 하다가 정상에 섰다. 또한 영업 조직 구축이라는 필명에 도전하여 최단 기간에 최정예 조직을 구축하기도 했다. 또한 지금은 앞으로 새롭게 다가올 금융 마케팅 분야에 도전하기 위해 적지 않은 나이에 대학원도 다시 등록하여 뉴 트랜드에 대해 공부하고 있으며, 회사를 설립하여 집필 · 강연 · 재테크 분야 소프트웨어 개발에 매진하고 있다.

　금융영업도 인생과 마찬가지로 분명한 사이클이 있다. 높은 산의 정상에 오를 때가 있으면, 언젠가는 반드시 깊은 골을 만나게 되는 것이다. 그럴 때를 대비하여 항상 준비하라는 것이 현자의 길이다. 영업이 잘되고 있을 때 새로운 다른 마케팅 방법을 강구해야 롱런할 수 있다.

　지금 몇 명의 Key Man, 충성고객이 남은 금융영업기간 동안 추가적으로 당신에게 얼마나 기여할 수 있을까? 답은 지금 당장 새로운 고객 발굴을 향해 매진하라는 것이다. 당신의 지금의 성공 방법과 기술이 6개월 후에 성공을 똑같이 담보하지는 못한다. 성공의 방법은 결코 되풀이되지 않기 때문이다. 끊임없이 변화하고 새로운 마케팅 방법 및 일에 도전하라! 그러면 반드시 금융 컨설턴트로서의 새로운 성공과 비전을 경험할 것이다.

두 번째는 How를 찾으라는 것이다. 미국의 한 대학에서 수년 전에 2,000만 달러를 들여 성공한 상위 10%의 세일즈맨 및 CEO의 생각 구조를 분석하는 연구조사를 한 적이 있다. 하루에 아침, 점심, 저녁 후 3번 전화를 하여 다음과 같은 질문을 반복적으로 하였다. "Good Morning! What do you think about now?" "Good Afternoon! What do you think about now?" "Good Evening! What do you think about now?" 이러한 반복되는 질문에 매번 대부분의 응답자는 "지금 자기가 하고 싶은 것과 그것을 어떻게 해낼지에 대한 생각을 하고 있다"고 답했다고 한다. 즉 답은 HOW에 대한 끊임없는 생각과 도전이었다.

지금 여러분 주위에 잘하고 있는 사람이 있다면 그 사람은 HOW를 알아낸 것이다. 그렇다면 그들이 한 번만에, 하루만에 HOW의 방법을 깨달은 것일까? 결단코 아닐 것이다. 무수한 시행착오와 시련 끝에 HOW의 방법을 알아냈을 것이다. 필자도 VIP영업의 개척 성공담을 Chapter 1에서 다섯 가지 정도 열거하였다. 물론 지면 관계상 다 옮기지는 못했지만 더 많은 개척성공담을 훈장처럼 갖고 있다. 그렇지만 중요한 것은 성공한 개척 성공사례보다 몇 배나 더 많은 실패 사례를 갖고 있다는 것이다. 그러한 실패 사례가 있었기에 VIP개척영업에 대한 그 HOW를 알아낸 것이라고 필자는 생각한다. 아마도 시행착오 및 실패가 없었더라면 지금도 그 HOW를 찾아 헤매고 있을지도 모를 것이다. 지금 여러분이 시행착오를 겪는 중이거나, 슬럼프 중이거나, 고민 중이라면 당연한 과정이 진행되고 있는 것이다. 그 HOW를 찾기 위한 산고의 진통 과정인 것이다. 이제 이 길을 걷고 있는 금융 컨설턴트들의 길은 오직 하나다. 각자 목표를 향해 한 사람도 포기함이 없이 일도정진하면 분명히 그 HOW를 발견할 것이고 성공한 프로세일즈맨으로 기억될 것이라는 것이다.

Never Give Up! Never Give Up! Go Straight Ahead!